武夷历史文化研究丛书

永远的怀念

纪念革命家黄道诞辰120周年宣传文集

闽北革命历史纪念馆 编

海峡出版发行集团 | 海峡文艺出版社

图书在版编目(CIP)数据

永远的怀念:纪念革命家黄道诞辰 120 周年宣传文集/
闽北革命历史纪念馆编. --福州:海峡文艺出版社,2020.11
(2024.3 重印)
ISBN 978-7-5550-2509-2

Ⅰ.①永…　Ⅱ.①闽…　Ⅲ.①黄道(1900－1939)－纪
念文集　Ⅳ.①K827＝6

中国版本图书馆 CIP 数据核字(2020)第 234037 号

永远的怀念
　　——纪念革命家黄道诞辰 120 周年宣传文集

闽北革命历史纪念馆　编

出 版 人　林　滨
责任编辑　林　颖
出版发行　海峡文艺出版社
经　　销　福建新华发行(集团)有限责任公司
社　　址　福州市东水路 76 号 14 层
发 行 部　0591－87536797
印　　刷　三河市兴博印务有限公司
厂　　址　河北省廊坊市三河市杨庄镇大窝头村西
开　　本　787 毫米×1092 毫米　1/16
字　　数　230 千字
印　　张　19.5
版　　次　2020 年 11 月第 1 版
印　　次　2024 年 3 月第 2 次印刷
书　　号　ISBN 978-7-5550-2509-2
定　　价　98.50 元

如发现印装质量问题,请寄承印厂调换

"武夷历史文化研究丛书" 编委会

主　　任：张培栋　　江建华

副 主 任：吴邦才　　谢启龙

委　　员：（按姓氏笔画为序）

邓崇慧　　何长辉　　张品端　　张晓平

吴邦才　　余泽岚　　陈先珍　　陈国代

陈建明　　陈爱宾　　杨永华　　罗建斌

金文莲　　涂桦忠　　谢启龙　　彭秀莲

《永远的怀念》编委会

名誉顾问：黄知深　黄知慧

顾　　问：江建华　谢启龙　谢金润　陈先珍　杨永华

主　　任：涂桦忠

副 主 任：林　方　彭秀莲　罗建斌　陈爱宾　金文莲

主　　编：罗永胜　张金锭

执　　笔：张金锭

编　　辑：方晓萍　方　旭　范崇建

校　　对：朱旭晖　张　红

前　言

2020 年 5 月 21 日，是杰出的无产阶级革命家黄道同志诞辰 120 周年。

黄道同志，名端章，号一鸣，1900 年 5 月 21 日生于江西省横峰县姚家垅。他于 1923 年秋考入北京高等师范学校（同年改称北京师范大学），同年加入中国社会主义青年团，1924 年转入中国共产党。1927 年旧历年关，他和伟大的无产阶级革命家方志敏，并肩领导了震撼大江南北的"弋阳横峰起义"后，在赣东北开创了"方志敏式革命根据地"，创建了"中国工农红军第十军"（简称红十军）。黄道是闽浙赣革命根据地的主要创始人之一，他与方志敏、邵式平被誉为"赣东北三杰"。

1930 年 7 月，党中央决定将闽北与赣东北两块革命根据地合并，闽北与赣东北进入互为犄角的发展时期。在这历史转折的重要时刻，黄道从赣东北来到闽北革命根据地担任要职，1931 年 7 月到 1936 年 5 月，他主政中共闽北分区委全面工作；1936 年 6 月到 1938 年 2 月，他主持中共闽赣省委全面工作。他在闽北生活和工作 7 个金光闪闪的春秋，把闽北革命根据打造成一个"闽北苏区红色首府""红十军挥师入闽主战场""中央苏区一明珠""南方游击战争战略支点""闽北红军北上抗日出发地"，对于研究闽北的红色历史、开发闽北的红色资源、传承闽北的红色基因，具有深远的历史意义和重大的现实意义。

1937年10月，中国共产党与国民党达成协议，将南方8省13个地区的红军游击队改为国民革命军陆军新编第四军，简称新四军。

1938年初春，由革命家黄道亲自培育和领导的闽北红军游击队，从崇安县（今武夷山市）洋庄乡坑口的长涧源出发，开赴江西铅山县石塘镇接受整训和改编。在这傲雪迎春，高歌上前线的大喜时刻，黄道代表中共闽赣省委给参加闽北三年游击战争的红军游击队老战士，每人发了一枚"闽浙赣边区坚持斗争纪念章"作永久纪念。

1938年2月9日，黄道受中共中央东南分局委托，在石塘镇一所学校召集五团营以上干部，举行就职典礼，正式宣布新四军军部的命令：闽北红军游击队改编为国民革命军陆军新编第四军第三支队第五团，饶守坤为团队长，曾昭铭为副团队长（政委），全团下辖3个营和1个机炮连，共1500多人。2月25日，新四军三支队五团离开石塘镇，开赴硝烟弥漫的皖南抗日前线。

黄道在石塘镇胜利完成组建新四军第三支队第五团光荣任务，欢送骨肉相连的五团指战员上前线，与亲密战友曾镜冰等闽浙赣特委领导话别后，满载闽北老根据地人民的深情厚谊，到江西南昌就任新四军驻南昌办事处主任。至此，黄道正式离开闽北红土地。

由黄道组建和发展壮大的闽北新四军五团，被叶挺军长誉为"英雄团队"，从1938年2月至1941年1月皖南事变之前，在皖南抗战前线打了许多名扬大江南北的硬仗和大仗，其中以"红杨对日作战""五次繁昌对日作战"和"血战东流山"最为闪光，打出了中国国威，打出了新四军军威，从五团走出10位开国将军和16位省军级领导。这是黄道组建的新四军五团的光荣，也是黄道开创的闽北中央苏区的骄傲。

弹指一挥间，82 年过去。革命家黄道从 1931 年 7 月来闽北根据地主持工作，到 1938 年 2 月离开闽北根据地的 7 个春秋，以顽强拼搏的一生诠释"鞠躬尽瘁，死而后已"的革命精神，这是他一生中最精彩、最闪光、最辉煌、最灿烂的历史时期。

这本纪念黄道诞辰 120 周年宣传文集，分"文献篇""回忆篇""研究篇""歌曲篇""文物篇""遗址篇""年表篇" 7 个部分，充分展示了闽北革命根据地的光辉历程，同时也是献给革命家黄道诞辰 120 周年纪念一份薄礼。

编　者
2020 年 1 月 18 日

目 录

◎ 回 忆 篇 ……………………………………………… **65**

文献篇

闽北分区苏维埃政府人民经济委员会
给白区商人们的信
——征收货物税、发行兑票及其他
（1932 年 3 月）

白色区域商人们：

分区苏维埃政府领导下的铅山、上饶、广丰、崇安、浦城、建阳六县都在高挂着斧头镰刀的红旗，推翻了豪绅地主资产阶级国民党的统治，建立了工农苏维埃政府。这六县有三十万以上的革命群众，紧密地团结着，坚决与国民党军阀及一切反动派而斗争，而且斗争一步步的得到胜利！

这三十万以上的革命群众，自不能离开物质而生存，对于日常生活用品如布匹、食盐、糖果、鱼货、药材、钢铁等物，□□□□无疑的是你们最好的顾客，同时这几个县的□□产□□谷、竹、木、□油、石灰、煤、炭、茶叶、纸张、牲畜最丰富之区，而崇安的武夷岩茶，尤为著名的珍品，价格都是非常便宜，这自然也是你们最好赚钱的购买品。但自国民党军阀反动派实行经济封锁以来，两方面只能秘密进行小的贸易。你们商人之中，有些误听反动派造谣，说苏区会难为商人，就不敢来和苏区交易，以致苏区和非苏区形成了两个不相往来的世界，结果两方面的群众，都感受物质上缺乏的困难，而你们的营业上更确实受了很大的损失呵！

为了流通苏区与非苏区的贸易，我们的分区政府特遵照赣东北省苏政府的指示，颁布货物税征收法、出口税征收法、营业税征收法，征收很轻的税。凡苏区与非苏区商人只要遵照苏政府的法令纳税，苏政府力负保证商人安全、自由营业的责任，一面命令赣东北省苏政府银行闽北分行发行一种兑换票，该票分五十元，一百元两种，并设立船舶检查局，在检查船舶时，按照船上的货物价格征收很轻的货物税，如遇省苏区内所需要的货物，即用兑换票照价购买。红军攻下某城市时，凡没有参加反革命活动的商店概不没收。并保证其继续营业，如我们需要那种货物也用总称店概不没收。并保证其继续营业，如我们需要那种货物也用兑换〔票〕照价购买。

现在各县都设立了对外贸易处，是专和非苏区商人接洽，办理对外贸易的经理机关，商人收到兑换票后，可即持该票到对外贸易处来购买苏区的货物，兑换票作十足□□□□□□扣，商人持票到了对外贸易处，该处定依□□□□很快的替你们一一办到，决不稍事留难，并□□□□运输货物出境之资。

本来我们买货，是可以用现洋的，但用现洋交易，你们仍不会决心到苏区来买货，贸易关系依然不能恢复，看了兑换的行使你们自然就会决心而且大胆来苏区买货了，这就是闽北分银行发行兑换票主要作用之所在。

商人们：你们要认清发行兑换票是恢复苏区与非苏区贸易关系一种很好的办法，你们不要疑惑，我们革命者，绝不会有丝毫的谎言的，希望你们放心使用，并欢迎你们大胆到苏区来贸易，你们如果没有收到兑换票，就用现款来向对外贸易处订购你们所需要的货物也可以，你们来和我们交易后，就晓得我们所说的话不会错，后日再谈，完了。

闽北分区人民经委会

闽北分区委关于三个月扩大红军冲锋季的决议

——一月四日分区委第四十次常会通过

（1933 年 1 月 4 日）

一、帝国主义国民党对苏区和红军的四次围攻，虽然在鄂豫皖、湘鄂西遭受惨败，但他们仍在继续疯狂似的更残酷地向着闽浙赣、湘鄂赣等苏区进攻，而且准备大举进攻中央苏区。特别是在中央红军北线胜利以后，更调动了各地白军纷向中央苏（区）移动，企图大举向中央苏区进攻。固然敌人这一企图依然要遭受到最后的惨败；胜利仍然是我们的，但我们一刻也不忽视这一战争的严重性。我们只有××和动员广大工农劳苦群众，猛烈扩大红军，发展胜利的进攻，与中央苏区和赣东北苏区的红军和工农劳苦群众的斗争互相配合，以粉碎帝国主义国民党的四次围攻，争取一省几省的首先胜利。胜利一定是我们的。

二、在这一形势之下，无疑义猛烈扩大红军是目前最中心最迫切的工作。谁对这一工作怠工，谁便是对战争任务怠工，谁便是帮助了敌人。

三、我们严格来检阅红军编师与广暴纪念前后的扩大红军工作，的确是不能令人满意的。铅山虽然比较有成绩，但仍没有达到原定计划；其余各县成绩更差，只大安区超过了原定数目。

四、各级党对于扩大红军工作不能得着良好成绩的主要原因是由于政治动员的不够。没有将目前战争任务，深入到广大群众中去，号召广大群众起来为争取战争胜利而斗争，使群众深切了解目前的战争形势，自愿积极地加入红军，只是很形式的机械的规定数目字发下去就算。这种对扩大红军工作的机会主义消极，是障碍□□战争胜利的发展。

五、团为党对于扩大红军表示着不可容许的机会主义的消极，特别是不能充分从政治上去动员，所以党就没有充分去领道（导）政府、工会、贫农团、赤少队等群众组织，去动员群众加入红军。有些地方政府甚至认为扩大红军只是党团与军事机关的责任而不肯积极进行。有些地方政府（有）意庇获（护）逃兵（比如反对开小差运动的忽视，提拔逃兵做地方工作等，和不愿意本乡壮丁到前方去。赤卫队、少先队及游击队不愿意将自己最好份子送到红军中去。各县动员来的红军，好多是老弱份子，表现着一种敷衍的方式。党团支部中虽然讨论了扩大红军工作，但只是口号式地空谈一下。实际上没有真正地去执行。各群众组织也是一样。这充分表现党没有抓紧这一工作，没有"准备一切牺牲、一切应该服从战争利益"的认识与精神，没有把扩大红军工作看成战争时期的经常的中心任务，以致扩大红军没有得着良好成绩。

六、在扩大红军中，各县党还存在留着许多不正确的观念。如崇安、铅山党充满着"老苏区的群众一次一次的扩大到红军中去了，现在壮丁少，不能再扩大了"的观念。新苏区的党则充（满）着"群众对革命还不认识，不能扩大红军"以及新"苏（区）的群众怕有许多靠不住，不敢要他们参加红军"的观念。因为有了这些错误观念，便妨碍了扩大红军工作。

七、对扩大红军强迫命令的立三路线残余方式仍然存在。因为党的政治动员不够。而且许多同志不肯做政治动员。为了要完成上级所规定的扩大红军数目，便采用过去立三路线时代命令、强迫、欺骗、收买等方式。不只从政治上使群众了解当红军是光荣的事业，是工农群众的义务与权利，是发展革命战争时每个工农应负的责任，而让群众自愿到红军中去。这种扩大红军工作的错误方式，是妨碍红军扩大的重要原因之一。

八、各地党与政府对优待红军工作，没有充分领道（导）群众去执行，没有切实负起责任来，只是敷衍的方式甚至有些地方竟公然地说："自己去当红军的没有优待"。以致许多人想当红军，为着家庭顾虑竟不去。

九、党员自己多不愿意当红军，只是空口宣传群众去。许多党部、团部怕把好党团员去当红军，会削弱地方党和团的力量。这种保守观念是扩大红军的极大障碍。同时，也就削弱了红军中党的领道（导）。

十、为着以革命的进攻，粉碎帝国主义国民党的围剿，迅速打通赣东北苏区与中央苏区，争取江西及邻近几省首先胜利；为着回答帝国主义进攻苏联，从根本推翻帝国主义统治，争取民族革命战争的胜利，我们便必须有更大的红军力量。中央革命军事委员会曾经明确地指示，要闽北在三个月内扩大红军数量一倍，各级党必须深刻认识当前的紧迫政治任务，扩大红军工作的重要。要坚决的肃清过去对扩大红军的机会主义的消极，积极的纠正过去许多不正确观念，使扩大红军工作有彻底的转变。分区委特规定从一月十五日起四月十五日止三个月为扩大红军的冲锋季，并有以下的决定：

1. 依据目前情形，各县在三个月内至少应扩大下列数目：

A. 崇安六百名   B. 铅山四百五十名
C. 建阳三百名   D. 邵光三百名
E. 广丰三百名   F. 上铅三十名
G. 大安区二十名

上列数目须直送到分区指挥部。

2. 为要百分之百的完成这一任务，必须有极充分的政治动员。必须深入"反对帝国主义进攻苏联""武装拥护苏联""粉碎帝国主义国民党四次围剿""以革命的进攻来消灭帝国主义国民党对革命的进攻""迅速打通赣东北与中央苏区""争取江西和邻近省区革命的首先胜利""庆祝全国红军伟大胜利"等口号的宣传鼓动，使苏区广大工农劳苦群众深刻认识这一政治任务，而成为一种"加入红军去""到前方去"的热潮。

3. 每个支部会每个党团会议，都应热烈的检阅和讨论扩大红军问题，规定动员群众计划。同时党必须领道（导）每个城张□□□会、雇农工会、贫农团；每个赤卫军、少先队；每个反帝大同盟会，开代表大会及会员大会检阅自己扩大红军工作。妇女□□□儿团也应开会，检阅他们对鼓励丈夫、儿子、父兄到红军中去的工作。在会议之先必须有充分的准备，要在这些会议中造成当红军□□的热烈空气，并征求他们自愿报名当红军。

4. 各种报纸刊物，必须尽量登载关于扩大红军的论文与消息、文艺等，各区应出扩大红军的墙报（即壁报）。

5. 赤卫军、少先队及赤少队模范营、连等，应作充分的动员，动员自己的一大部分到红军中去。特别模范营、模范连应做到全部加入红军。

6. 红军独立师、独立团、独立营开到某地，无论是苏区和白区应召群众大会，鼓动群众自动加入红军。同时，动员红色战士到群众中去宣传，鼓动群众来当红军，但须注意反革命分子混入。

7. 扩大红军运动中要注意动员工人、雇农、苦力成分去加强红军中无产阶级的领道（导）。因此，各级工会、雇农工会更要特□□□□□□会员到红军中去，并且要经

过工会的每一个会员□□□□群众组织及工农群众进行扩
大红军的运动。各级工会□□□各种群众组织扩大红军运
动的中心领导。

8. 崇安、铅山、上铅、广丰四县应在这一冲锋季中，征
调十分□□□党员、团员到红军去〔例如：本县有一千党团
员即应□□□百个党团员加入红军，以加强红军的领道（导）。
建阳、邵光两县也应尽可能地征调。各县党必须以最大的努
力百分之百的实现这一决议。白区方面也应在斗争中动员白
区群众来参加红军，□□□就是测验我们党对于参加革命战
争和巩固红军的积极与动员力量的标尺。

9. 这次对党团员的征调，必须切实执行中央规定的
□□□□必需的工作：

A. 首先在党内必须有充分的解释工作，要使同志了解
在□□□□□战争时期中"一切应该服从战（争）的利益，
一切国内生活，□□□□□战争，……一切牺牲，一切帮
助给与战争，抛开一切的动□□□□□力量，准备一切牺牲，
当然这一次我们是胜利的"（列宁）为□□□使每一个党员、
团员了解共产党员是阶级先锋；革命战争是阶级斗争最剧
烈的形式，每一个共产党员在战争时候，都应当动员到前
线作战。以加强党对战争的领导。

B. 在征调的方式上，首先应尽可能经过党内的宣传鼓
动，高党团员加入红军的自觉性和积极性，而自动报名，
而尽可能□□□是自动报名加入红军。但党部与团部必
须审查从十八岁起到三十五岁的党员及到团龄的团员中有
多少其家庭状况及身体适合当红军的同志。在自动报名不
足应征调之数目时，必须由党部来决定调一部分同志到红
军中去。但是□□使这些被征调的同志了解而成为愿意的
□□□□□□特别要注意征调一批工人、雇农、苦力、党员、
团员□□□□□□好的干部，以加强红军无产阶级的领

导和□□□□□□□。

C. 党员、团员的征调由党部团部分开进行，每一□□□□的支部，应举行全体会议，或党团支部联席会□□□检阅和讨论扩大红军与征调党团员的问题。在□□□□□必须有充分的准备，要有简短的政治报告，使□□□□政治形势与党的任务中，来了解这些问题的意义与□□□□□的自动报名。

D. 在征调党员团员到红军中的运动中，必须广泛□□□传，使群众认识共产党是无产阶级先锋队，是群众□□□□意义，更可以动员群众到红军中去。每一个被征调的党□□□□须充分到群众中去动员和领导群众加入红军，要实行"□□□员团员领道（导）非党团员到红军中去"的口号。

10. 各地党与政府应充分领导群众，切实实现红军优待□□□□□□工作，必须有一次的检阅，消灭过去应付敷衍的状态，□□□□□真正得着实际的优待。各级拥护红军委员会应与□□□□□分乡召集一次红军家属的会议，亲听他们对于优□□□执行□□□意。

11. □□□反对开小差和久假不归的逃兵运动必须加紧，要尽量地鼓动开小差和请假不归的士兵归队，对坚决不归队的逃兵，应发动群众严厉批评他，使群众认识逃兵就是逃避革命，是最可耻的□□，□分配逃兵担任地方工作和地方武装工作，要□□□兵现象。

12. □□□都对于优待红军工作，慰劳红军工作以及□□□□□□□负责检查，纠正过去的错误。特别□□□□□上就应举行一个普遍的检查。

13. □□□□□□大红军运动中，要联系到党的改造工作，□□□□□内对于扩大红军机会主义的消极倾向的思□□□，反对"壮丁少了扩大红军无办法"及"新苏

区□□□不敢要他们参加红军"的观念以及其他地方保
□□□谈扩大红军等，实际上对革命形势估计不足，不相
（□□□□）右倾机会主义，同时要反对强迫命令的立三
路线（□□□），凡是对于扩大红军工作怠工的党部必须
加以重新改（□□□□□）征调，经过说服与斗争而不能
改变的同志，必须（□□□□□□□□□）。

14.（□□□□□□）对这一决议，必须召集会议讨论，
切实检阅过□□□□□□错误，并切实讨论今后的具体计
划。讨论须马（□□□□□□），将进行情形随时报告分
区委检阅。在三个月（□□□□□）□做一详细的具体报
告来分区委，各级党对战（□□□□）与否，扩大红军工
作成为测验的标尺之一。

中共闽北分区委

闽北分区委关于红色五月工作的决议

——一九三三年四月十日分区委第十次常委会通过

（1933 年 4 月 10 日）

一、红色五月自不断的革命斗争中创造出来的。"五一"是国际劳动节是全世界工人为争八小时工作制而斗争的纪念日，"五三"是帝国主义屠杀中国群众与国民党军伐无耻的投降日本帝国主义造成惨案的日子，"五四"中国群众反帝反军阀斗争的开始，"五五"是共产主义马克思诞生日子。"五九"是袁世凯出卖中国民族利益接受日本二十一条通谍的日子。"五卅"是上海工人反对帝国主义屠杀中国工人领袖顾正红举行盛大的示威又遭帝国主义屠杀演成上海南京路惨案的一日。这一运动激动全国反帝运动的高潮涨起来了，一九二五年到一九二七年的大革命。

红色五月确实是革命斗争中最可纪念的一月，在革命，在革命斗争历史上是有伟大意义的。

二、今年的红色五月，正当着资本主义经济危机加深，资本主义相对稳定的终结，全世界工人生活的空前化，而在另一方面苏联社会主义建设的伟大成功，五年计划四年完成，新的五年计划已在开始，同时世界革命更在猛烈的向前发展。因此帝国主义进攻苏联，进攻中国革命瓜分中国更进一步的加紧，日本帝国主义已经由东三省进估热河，而且平津形势也十分严重。无耻的国民党也进一步投降帝国主义，出卖热河、华北，出卖中国民族利益而且在帝国主义指使与帮助之下，与日帝国主义在热河的行动，互相呼应地来疯狂地向苏区和红军举行四次围剿。虽然这一围剿他们已经不断地遭到严重的惨败，但他们仍然在举行绝望的进攻。而且帝国主义已在准备增援上来，阶级决战的形势已万分紧张了，空前的历史大事变已来到我们的面前，历史的重大任务也放在我们党的身上。无疑的是争取工人的大多数，争取广大的劳苦群众，号召并领导广大的工农劳苦群众猛烈的扩大红军扩大民族革命战争武装拥护苏联，以胜利的进攻完全粉碎帝国主义国民党的四次"围剿"争取江西及邻近省区的首先胜利，已成为今年红色五月的中心任务。

闽北的形势是非常有利于革命的，特别是中央红军北上的胜利开辟了闽赣边新苏区闽北苏区红军已与中央苏区取得密切联系，正因为如此，敌人更加紧向闽北苏区进攻主，企图打断闽北与东北与中央苏区的联系。在红色五月中闽北党的当前任务应该是号召和领导闽北的广大劳苦群众彻底的执行中央政府紧急动员会扩大红军成军，扩大和巩固新的苏区与苏区根据地以胜利的进攻来粉碎敌人对闽北苏工的围攻迅速与北岸苏区中央苏维埃完全连成一片，配合各苏区和红军的行动以争取战争的伟大的胜利，革命在江西及邻近的省区的首先胜利。

三、我们要完成目前的迫切任务在红色五月中必须执行以下的具体工作：

1. 猛烈的扩大红军是目前第一等任务，在红色五月一个月中除了完成三个月扩大红军冲锋季的数目字外，全闽北各县必须扩大红军率下数目：

崇安三百名、铅山二百五十名、广丰二百名、建阳一百五十名、上铅五十名、邵光五十名、独立师本身扩大三百名，无产阶级营必须完全建立好，独立师必须在五卅纪念扩大成军、这一工作应运用三个月扩大红军冲锋季的工作经验。彻底转变冲锋季中的一切错误，以冲锋季的精神百分之百的来完成。

2. 红军行动独立师的必须采取进攻策略，坚决与退却路线右倾保守观念作斗争，必须肃清游击主义倾向在敌我力量对比的正确估量上，坚决地去消灭敌人，在红色五月中至少要缴二百条枪，同时在行动中来进行动员群众，参加红军，扩充本身的力量，政治工作亦须彻底地转变过来。各独立团、游击队应采取进攻的策略，在红军五月中消灭苏区中周围的敌人以及进扰苏区的敌人铅山方面必须用持围困，深入白区敌人后方的策略来消灭村石塘新方篁碧村的敌人，上铅独立营和游击队必须消灭上炉板徐潭里洋铁山的敌人广丰方面的武装必须消灭浆口麻沙长梗长坪界首黄坑挂墩等地的白军民团大刀会。崇安方面必须宗崇北浦西五夫一带民团大刀会消灭各游击队必须深入到白区中去行动，发挥白区群众青黄不接斗争，从政治上军事上来粉碎敌人对我们的进攻，坚决地完成分区司令部筹款与缴枪的计划。

3. 在红色五月中，苏区亦必须猛烈地扩大至信河沿岸上铅，苏区必须扩大到石溪鹅河直达河沿，广丰除将去年失的苏区完全恢复外，并须争取铁山一带使成为苏区以与上铅打通，另方面将浦北浦西苏区猛烈扩大建阳必须将长坪麻沙浆口的地域争取过来扩广苏区到建阳城附近。邵光须将黄坑界首挂墩外争取过去将苏区连成一片，宗安必须将十八村黄柏山下五夫一带，争取过来这一任务的完成首先必须严厉的打击保守右倾退却路线与先巩固后扩大的右倾保守观念作无情的斗争。

4. 在红色五月中，必须将赤卫军工作切实地做好，赤卫军政治委员必须切实负起责任将赤卫军的军事政治训练加紧，在"五一"各县举行军事总演习，"五卅"举行全闽北赤卫军模范团营连大检阅，全闽北在红色五月中，最少必须动员量营模范队到红军中去，并要将全苏区十八岁以上四十五岁以下的男女工农群众完全动员到赤卫队当中去。

5. 在红色五月中，白区工会会员必须增加一倍，铅成信河建甄等地工人和船工及工会必须建立起来，特别应加紧苏区劳动保护法的宣传抓紧青黄不接的斗争，求发动工人的日常斗争与拥护苏维埃拥护红军的斗争，同时须动员大批白区工人到红军中来，在苏区内应将各小组生健全，并应将纸工雇农手工业职员几个工会建立起来，在"五一"必须建立劳动保护法的检查失业登记以及动员工人参加无产阶级参加红军，各工厂中的工会俱乐部工作，必须在红色五月中切实地建立起来。

6. 反帝工作是红色五月中最中心的工作，反帝拥苏大同盟，在红色五月中必须增加会员一倍，各小组必须切实建立起来，在工作中纠正过去有名无实的现象，要使拥苏反帝大同盟真正成为广大群众的组织，对于"五三""五四""五九""五卅"尤其是"五卅"的意义必须深入到群众中去，并须联系到目前帝国主义进攻苏联、进攻中国革命、把分中国与国民党的无耻投降瓜分中国出卖中国民族利益的罪恶。激起群众反帝反国民党的革命情绪，加紧反帝会员到红军中去，加强反帝的主力。

7. 肃反工作在目前阶级决战当中，是不能一刻放松的，在红色五月中，特别要扩大到肃反的政治宣传，要揭破反革命派别一切武断的宣传，使广大群众彻底的了解反革命的罪恶，使反革命不能在苏区和红军当中活动，要严厉打击肃反工作中的"左""右"倾机会主义。

8. 在白区中必须联系到青黄不接的斗争，要号召白区中的工人在青黄不接中要求加工资要求平粜的斗争，号召农民禁谷出境，赊谷渡的斗争，号召白军士兵要求发清欠响，加伙食钱的斗争，号召广大工农劳苦群众进行和扩大户抢米的斗争，这些斗争必须由拥护苏维埃拥护红军委员会、动员群众赠送红军必需品，慰劳红军，同时要根据省委决议组织征调委员会进行扩大红军工作。

9. "五卅"纪念节中要组织广大的白区参观团这一工作事先应有很周密地布置要利用去年"五卅"参观团的经验来进行，彻底纠正去年对这项工作的错误。

10. 在目前战争任务中，扩大党的组织，加强党的领导力量是必要的前提，因此特决定在红色五月中扩大党员一倍，即每个党员在红色五月中，至少须介绍一个新党员入党；全党要为扩大党员一倍而斗争，但要纠正封建的发展和拉夫的方式，要从红色五月的一切斗争中去发展，发展的成分工人、雇农、苦力至少应占百分之四十。

四、关于红色五月各纪念工作的布置：

1. 集中到"五一""五九""五卅"各县分区举行三个群众大会。

2. "五二"到"五八"举行传播马克思列宁主义运动周，在这周中召集各种会议利用各种方式来传播马列主义。

3. 各纪念会之前，必须进行广泛的政治鼓动，并且应深入到群众中去各团体必须自己发动，在开会之前，各团体必须召集各种联会，及该团体所属的群众大会做报告及布置自己的工作。

4. 在各纪念节的宣传，要有具体的布置，要注意与目前的战争任务及群众日常生活密切的联系，要使这一红色五月，燃烧起广大群众反帝反国民党及争取战争胜利的最高情绪。

五、分区委组织部宣传部应立即根据这一决议拟定红色五月组的织工作和宣传工作的具体计划，加紧对各县的组织部，宣传部的领导。

六、各县及各分区各党团接到这决议，应立即讨论出具体的计划，尤其是动员群众执行红色五月中的各种工作计划，务须将红色五月的工作深入到每个群众中去，要反对为纪念而纪念的庸俗主义和不深入到下层去，官僚主义，更要反对认为这些任务不能完全的"右倾"观念，及表面接受实际上不坚决执行的两面派。

七、各级党在红色五月工作结束后，应做一详细的报告，分区委检阅在每纪念节后也须做一详细报告到分区以便统一纪念节，能根据前一纪念节的经验而以转变。

中共闽北分区委

中共闽北分区委妇女部第六次各县
妇女部部长联席会决议

（1933 年 4 月 28 日）

为着要转变妇女工作，分区委妇女部曾经决定一个三、四月份各种工作决议已经期满了。在三、四月份工作，可以说是获得了相当的成绩，这一成绩表现在：

1. 发展女党员工作在数量上得到了相当的成绩，特别是铅山、广丰、建阳，并有很好的统计。各县发展党员数目如左：

铅山五十八名　　　　崇安六十七名
广丰二十名　　　　　邵光六名
建阳十二名　　　　　上铅十三名
市区七名

2. 提拔培养干部工作，各县都开了训练班和女党员大会，特别是训练材料能将适合党员程度的去解释。在提拔干部数目，特别是广丰、建阳超过原定数目：

铅山七名　　　　崇安八名　　　　　上铅一名
建阳六名　　　　广丰六名

3. 妇女部的组织与本身工作，在最近时间，各县妇女部工作已单独建立起来，而改委会工作亦是单独的建立。

4. 扩大红军工作，有相当的注意，并能在广大群众中做政治鼓动工作，甚至有父亲鼓动儿子，妇女鼓动丈夫、兄弟到红军中的，特别是铅山五区尤元村黄月娥鼓动自己的弟弟去当红军。各县扩大红军成绩列下：

崇安三十七名　　　　广丰二名

铅山二十四名　　　　建阳十九名

上铅十六名　　　　　市区十九名

5. 拥护和慰劳红军工作，是有相当的积极，特别是铅山三区妇女能送菜送饭上火线（给）红军吃、扛伤兵等，其余各县亦有配合红军作战。在慰劳方面，更表现的积极，能动员广大妇女群众自动地赠送慰劳品，特别在这次欢送中央红军参观团的物品特别多，除执行原来规定数目外，并超过了数目很多。

崇安布鞋七百三十二双，草鞋二千三百九十五双，小菜二千四百〇一斤，鸡蛋二百五十七个，猪肉一百三十二斤半，鸡二只，纸烟三十七包，青菜四百六十斤，鸭四个。

铅山布鞋九百五十四双，草鞋三千二百九十双，小菜二百二十一斤，鸡蛋一千一百一十八个，盐鱼七斤半，猪二条，笋一千四百六十一斤，猪肉二百一十斤。

上铅布鞋六十三双，草鞋六百一十六双，小菜一百〇六斤，蛋二百七十三个，皮鱼六斤，墨鱼二斤，羊一条。

广丰布鞋二双，草鞋九十五双，小菜十五斤，蛋四十四个，猪肉三十七斤，鸡三个，羊六条。

建阳布鞋一百一十三双，草鞋七百六十五双，小菜一百八十五斤，蛋三十四个，鸡一个，纸烟二十五包。

邵光布鞋二十双，草鞋三百一十一双，小菜三十三斤，笋二十二斤。

市区布鞋五十二双，草鞋三百三十八双，小菜一百九十斤，烧肉四斤，鱼四斤，蛋一百九十五个。

6. 动员妇女参加生产工作，比以前是有相当多，如动员妇女种菜、掘禾根、砍柴等都有，特别是铅山更多，甚至有妇女帮红军种田，妇女生产冲锋队组织也建立起来。动员了妇女参加生产数目如下：

铅山二百三十名　　　　　　　上铅八十名
崇安、广丰、邵光、建阳、市区没有统计。

7. 妇女参加各种群众组织工作，在最近时期，各种组织都增加了。

8. 卫生工作，有部分是开始进行，可说是群众已了解卫生的意义。

根据上面这些成绩，是不可否认的，但仍然表现不够的，同时还有许多错误和缺点。

1. 发展党员只是铅山、广丰、建阳三县能报告数目，如崇安妇女党员有多少，不能明白的报告出来，尤其是成分上，更不注意。

2. 提拔培养干部特别是上铅、崇安、建阳，不从斗争中去提拔成分好、有造就、斗争勇敢的分子来担任工作，这是非常错误的。

3. 妇女本身工作，只能顾到妇女部工作，但对妇生改委会的领导，还是不十分抓紧。

4. 扩大红军工作，整个是有相当成绩，但仍然是不够的很，主要原因（是）没有提高广大群众对扩大红军的热情，最差是崇安，其余各县也是如此。

5. 慰劳红军工作，如赠送慰劳品，虽有相当多，还免不了有强派的错误发生，这证明了各县对政治鼓动工作没有抓紧。

6.生产冲锋队各县虽有组织,对生产方面,还是有名无实,除铅山有点成绩外,其余各县妇女还是死懒,特别是崇安更甚。

7.妇女对参加各种群众组织,还是少得很,尤其是动员妇女参加赤卫军、反帝拥苏组织更不注意,甚至原有组织,也没有很好的统计。

8.卫生工作纵然开始,但没有获得什么成绩,特别是崇安顶不要卫生。

在整个工作来讲,除铅山有些转变外,其余各县都差,特别是崇安还是向后退。

根据上面这些缺点,主要的因为工作不深入下层,对工作不努力的结果。我们可以拿事实来证明,如铅山工作的转变,是工作比较能深入下层,与对工作努力中所获得的;如崇安工作的退步,最大缺点,就是工作不深入下层、机关官僚主义所造成的。

上面这些错误和缺点,是工作中的障碍,我们必须与这一倾向作斗争,来转变红色五月工作。

红色五月工作

1.扩大红军是目前党的最重要最中心工作,同时独立师在红色五月要扩充成军,更应为扩大红军成军而斗争,在红色五月中,各县须动员下列人数来当红军:

崇安二十五名　　　　铅山二十名

上铅五名　　　　　　广丰五名

建阳四名　　　　　　邵光三名

市区四名

2.慰劳红军工作,亦是扩大红军工作之一,必须鼓动广大妇女群众自动的赠送慰劳品,绝对要纠正过去强派方式。同时红军扩大成军，慰劳品更应增倍的赠送，在红色五月中各县须做到以下的数目：

县名	布鞋	草鞋	小菜	青菜
崇安	600 双	3000 双	200 斤	2500 斤
铅山	500 双	2000 双	150 斤	1000 斤
上铅	60 双	500 双	50 斤	500 斤
广丰	100 双	200 双	50 斤	100 斤
建阳	100 双	300 双	100 斤	100 斤
邵光	60 双	100 双	50 斤	50 斤
市区	40 双	100 双	40 斤	50 斤

3. 节省经费、节省粮食，帮助战费，是给予战争有力的帮助。我们必须在群众中做广大的政治鼓动工作，实行每人每天节省铜片一枚，每人节省三斤米借给红军。在红色五月中各县必须做到下列数目：

县名	节省经费	借米给红军
崇安	大洋二百元	米一百担
铅山	大洋一百元	米五十担
建阳	大洋四十元	米三十担
邵光	大洋十五元	米十五担
上铅	大洋二十元	
广丰	大洋二十元	
市区	大洋十元	

因上铅、广丰、市区少米，故借米数目未规定，亦必须鼓动群众节省，给予战争的帮助。

4. 扩大党的组织，加强党的领导力量，是党的主要骨干。分区委已决定在红色五月中要扩大党员一倍，即每个党员至少要介绍一个新党员入党。同时各县对发展女党员工作，更不注意，在红色五月中要纠正这一倾向，为扩大党员一倍而斗争。但要纠正封建拉夫的发展，必须从斗争中去考察，表现勇敢积极的工人、贫农、中农妇女，尤其是工人成分的女子大批吸收入党。

5. 红色五月是反帝的一月，应动员广大妇女群众加入反帝拥苏大同盟。各县在红色五月中，应发展反帝会员数目，按照分区委妇女部务会决议规定的去执行。

6. 在红色五月中应将代表制度切实建立起来（即每十个人选举一个代表）。

7. 卫生工作，是与战争有极大关系的，同时夏天炎热更应注意卫生，以免瘟疫的发生与蔓延。这一工作必须动员广大妇女群众举行清洁运动，用比赛精神来进行卫生工作。

对红色五月工作，应拿出冲锋竞赛精神来执行分区委妇女部部务会关于红色五月妇女工作决议，百分之百的完成；尤其是对第六次各县妇女部长联席会上自己订立的各种工作竞赛合同，更应努力的实现。同时须用政治鼓动，鼓动广大妇女群众热烈来执行，不应有丝毫摊派。到红色五月过后，分区委妇女部要举行一次检阅，那县能按照数目字执行，或超过规定数目，便是谁的成绩好，那县不能按照规定数目执行，便是谁无成绩，谁对红五月工作怠工，便是对争取战争胜利的怠工，谁就是革命的罪人。

其他

这次检阅各县工作成绩，铅山第一，建阳第二，崇安第三，上铅第四，广丰第五，邵光第六。

中共闽北分区委妇女部
一九三三年四月三十日出版

23

红色闽北社论

——创造七军团与纪念"八一"

（1933 年 7 月 17 日）

"八一"快到了，这是如何惨痛，如何值得我们兴奋的时节呀！

我们要扩大民族革命战争来反对帝国主义强盗战争，那是以战争消灭战争呀！

我们要在扩大红军一百万的号召之下，在创造七军团的号召之下来完成扩编闽北红军为两个师，以扩大民族战争，反对帝国主义战争，给帝国主义国民党以致使的打击。

英勇的、光荣的，已获得了胜利的闽北劳苦群众！为着战争，大家一致到红军去，到七军团去，实现扩大红军一百万的号召。阶级先锋的共产党员！共青团员！每一个带五个十个、五十个、一百个……非党非团群众到七军团去！

每个劳动妇女同志，更努力来做扩大红军的工作，送丈夫兄弟到七军团去，同时组织冲锋队种田铲山，代替男子工作，努力苏维埃工作，让担任工作的男子，好到前方去，到七军团去！

小弟弟小妹妹们！自己不能当红军，劝哥哥爸爸去当红军，年高的同志当红军的时期已过，劝子孙弟侄当红军，把我们的七军团迅速建立起来。

七军团自造成功，所有的反革命势力——白军、民团、大刀会等，将完全消灭，我们必然的，很快得到一省几省首先胜利以走到全国胜利。

　　谁破坏我们扩大红军，谁要做反扩大红军的宣传，谁不积极做创造七军团的工作，谁就是帮助反革命，就等于做帝国主义、国民党的奸细，我们一致地起来与他做无情的斗争，直到把他的阴谋与企图完全暴露。

　　英勇亲爱的同志们！起来！为创造七军团而斗争！一切反革命将在我们努力之下完全消灭，革命的更大幸福，现在我们努力的前面。

　　　　　　　　　摘自《红色闽北》第十七期

闽北分区白水对外贸易处函

（1933 年 10 月 30 日）

十七乡苏主席：

目前本处写有信二封，又一区经委令一件想你已收着吧，其三次的信，都是请你代派群众担盐，为何一个都不派来，不知你们是何意见，令人实在莫解，谅你看这贸易处不是劳苦群众的机关，抑或你有别工作匆忙，或你不愿派群众挑贸易处货品，请你详细答复，以便知道。本处刻接上级□令云，铁定本五月二日请你代请五名群众来路边集中，以便担盐去闽北，各人自带扁担、箩等，这盐送到，定有脚力给他，信至请即帮忙一下，是为至□！此致乡苏政府主席。

白水第一对外贸易处主任　袁凯
（闽北分区白水对外贸易处印）

闽北分区苏维埃政府训令 170 号

——关于建立犁牛合作社与农具生产合作社问题

（1934 年 2 月 18 日）

正在冬耕已过去了，春耕又在计划进行，为要发展今年的春种运动，完全消灭荒田，扩大耕地面积，增加今年的谷子收成，发展苏区农业生产，改善苏区群众生活，充裕革命战争物质基础，首先就必须要解决群众耕牛、农具缺乏的困难问题。建立犁牛合作社，与农具生产合作社是解决这个问题的最好的办法。因此分苏维埃政府特关于建立犁牛合作社与农具生产合作社问题有如下的决定。

（一）关于建立犁牛合作社与农具生产合作社的意义与好处，中央政府土地人民委员部发来的犁牛合作社组织大纲以及中国第一次农业工人代表大会关于组织苏区中央农具生产合作社的决议已详细说明了。各级政府应立即根据这个大纲及决议上所说的意义与好处，在群众中进行广泛的宣传与动员，特别是在各乡村群众大会及贫农团会议上更要提出讨论，热烈地号召广大工农劳苦群众加入犁牛合作社与农具生产合作社，很快地把犁牛合作社与农具生产合作社建立起来。

（二）分苏即责成分苏土地部与分区农业工会即根据中央政府土地委员部第四号训令与犁牛合作社组织大纲，以及中国第一次农业工人代表大会关于组织苏区中央农具生产合作社的决议，讨论去建立犁牛合作社与农具生产合作社更具体的执行办法，并即加紧领导各级土地部与农业工会积极执行，在二月内即须在中心区与必要组织的地方，首先建立起来，并责成分苏土地部与分区农业工会在大安马上就要开始建好，再根据这一时期工作的经验，在三月内即逐渐推广到各乡普遍的建立。为要这一工作顺利的推行和执行，分苏土地部可开办一期短期训练班，加强下级土地部执行这一工作能力。

（三）以后各级政府及各队部不论在白区或还是在苏区没收豪绅、地主的耕牛农具与富农多余的耕牛农具均一律交由土地部有计划的分配犁牛合作社与农具合作社管理使用，决不能与过去一样没收出来的耕牛与农具拿来出卖与宰杀耕牛。

（四）各区乡组织犁牛合作社基金不足时，要发动群众帮助政府做查田、查阶级的工作，加紧查富农、地主阶级，向地主罚款，向富农捐款，准在富农捐款中抽出十分之一由区苏分配借给犁牛合作社买牛（三年后还本）。

（五）在建立犁牛合作社与农具生产合作社以后，要特别防止这一组织变成为少数人，垄断耕牛、农具为专门营业的机关，同时要注意防止富农、地主阶级异己分子混入犁牛合作社与农具生产合作社组织里面来进行破坏，在这里各级土地部与农业工会必须加紧领导与帮助犁牛合作社管理委员会的工作，使之能完全适合群众的需要，真正成为解决耕牛、农具缺乏困难的群众团体。

最后分苏为使这一工作切实执行，不会成为空谈，特责成土地部要负责发动进行这一工作，这是各级政府主席团仍需要加强对这一工作的领导和帮助，切不能认为这是土地部工作，而采取旁观不负责的态度，这样应要受到苏维埃纪律处分。

主　席　祝维恒

副主席　温卿绍

闽北分区委关于"九一八"工作的决定

（1934 年 8 月 18 日）

一、从"九七"订立辛丑条约的纪念日起到"九一八"止，举行一抗日反帝运动周，进行广泛的反对帝国主义瓜分中国进攻中国革命进攻苏联与拥护红军北上抗日的运动。

二、各级党必须在党内党外召集支部会以及各种群众会议，并组织各种宣传队利用活报传单标语等广泛解释辛丑条约与"九一八"事件，目前日本及各帝国主义侵略中国的形势，国民党卖国的罪恶与红军北上抗日的意义。动员广大群众为着拥护红军北上抗日彻底粉碎帝国主义国民党阻止红军北上抗日的五次"围剿"热烈的参加战争加入红军加入赤少队□□□到前方去配合红军作战，积极地围困崇城紫溪□□□的敌人，破坏敌人交通，加紧秋收与借谷给红军等。

三、在白区应将中央所提出的五大纲领与统一战线，红军北上抗日的意义与国民党出卖中国的罪恶，在白区群众中进行广泛的宣传，号召白区群众加入反帝拥苏同盟，反对帝国主义瓜分中国、反对国民党出卖中国，拥护红军北上抗日，并发动他们抗租、抗债、抗捐、抗税、不替国民党军队担夫，反对组织壮丁队联甲、反对进攻苏区和红军的斗争。

四、为着使这一运动能够深入并扩大到白区中去，各级党及各武装部队中广泛组织抗日宣传队进行拥护红军北上抗日宣传。同时举行每人出一个铜片拥护北上抗日红军的运动，各部队及各部队的抗日宣传队须全部向白区出击，在白区中分发黏贴抗日宣传品以及与进行抗日宣传。

五、反帝拥苏同盟应即动员各级，召集会议报告"九一八"及红军北上抗日的意义并讨论"九一八"的工作。在运动周中应进行征收盟员运动，尤其在白区更应积极地进行征收运动与建立和健全白区的反帝组织。

六、这一运动必须紧密地环绕着战争，要在为着拥护红军北上抗日，就要彻底粉碎敌人五次"围剿"的口号之下，动员群众踊跃加入红军，加入赤少队，配合红军作战围困敌人，慰劳红军以及加紧秋收与借谷给红军，尽力帮助红军充裕给养等。

七、在"九一八"纪念日各县分区举行抗日反帝的群众武装示威大会，在晚间举行火把游行示威。

闽北分区苏维埃政府关于八月份
扩红与赤少队工作给各级政府指示信

（1934 年 8 月 27 日）

目前是在广大的国内战争环境中、是在两条道路——殖民地苏维埃决战中，我们英勇善战的工农红军、在各个战线上是获得了伟大胜利，敌人五次"围剿"已被我们粉碎一半以上了，帝国主义国民党统治在我们胜利面前张皇失措，因此帝国主义直接瓜分中国，镇压中国革命，是更加积极进行着，而国民党在帝国主义直接瓜分中国的行动中也更尽其清道夫的责任，疯狂的集中一百万以上的军队，向苏区和红军做最后的绝望的进攻，同样的敌人对我们闽北苏区从占领我铅山紫溪后，又进占我崇安之四渡桥，企图以堡垒主义步步推进缩小我苏区和造成封锁线。

在这样战争环境之下，分苏政府，已在各级政府面前提出八月、九月、十月三个月扩大红军地方武装与赤少队工作计划这是最低限度的要求，但是这一计划的执行已有廿余天了动员的成绩怎样呢？如果除了分区一级外，各县是没有多大的成绩的，现在据我们所晓得的，如崇安八月上半月，扩大红军只有六名，铅山廿八名，大安十一名，光泽九名，其余各县还没有音信，赤少队工作，同样也没有多大转变，这是为什么呢？这是各县又重复了六月份疲倦现象。亲爱的同志们！战争的形势，是更加紧张，敌人进攻苏区是更加疯狂，如果你们又重复疲倦现象，那即是等于自杀，而且，是革命的罪恶，万恶的国民党，虽然疯狂的进攻，与造成封锁线，然而他的力量，是大大削弱了，我们有争取一切胜利的条件，最近我中央红军北上抗日先遣队，沿途获得胜利，攻克罗源城，逼近福州，与我中央红军最近在石城击溃敌人三个纵队，这都是我们胜利的保证，我们为着争取战争全部胜利，彻底粉碎敌人五次围剿，准备与帝国主义直接作战，更需要你们集中力量以布尔什维克速度来完成分苏三个月工作计划，因此特给你们以下列的指示：

1. 为着完成这一计划，必须严厉地打击一切机会主义分子。首先是要更深入开展反对战争疲倦性的斗争，我们八月份工作成绩这样微弱的，是由于我们各级政府，没有及时地打击一切机会主义倾向与开展反疲劳斗争，而只是口头喊"反对机会主义""反对疲倦心理"而没有发展自我批评来检查实际工作中那些机会主义表现，以及与这些机会主义对战争疲倦分子作无情的斗争。因此在各种会议上，开展残酷的思想斗争，实际的检查我们一切工作，打击一切机会主义与对战争疲倦分子，是完成这一计划铁的保证，同时各级检查部必须开展检举运动，对战争疲倦消极以及工作怠工分子，要一个一个地揭发出来，尤其是对于坚持错误的机会主义分子；必须提交群众大会公审，以紧张我们工作同志一切工作。

2. 在领导方式上，必须坚决纠正官僚主义领导方式，我们八月份工作成绩这样微弱，是由于各级政府领导方式没有彻底转变，对三个月计划的动员，没有刻苦深入到群众，在群众中造成热烈的空气，县政府对下级的领导，以及对下层工作检查，特别是对乡苏领导与对乡苏工作检查，是没有切实注意，以致三个月计划发下了廿多天，分苏还没有接到各县执行的工作情形报告，这是异常令人不满意的。各级政府必须立即来一个彻底转变，要真正建立集体领导与精密分工执行新的领导方式，一切问题必须有计划的来集体讨论，讨论了以后，必须进行动员，深入下层去，在动员过程中，必须召起会议检查，动员工作，是否取得成效，特别是对乡苏工作检查，更要注意，更要及时地具体地帮助其工作执行与转变，使苏维埃每一决议成立后乡苏能够深入群众执行，政府各部同样要执行这一领导方式，以取得工作彻底转变。

3. 为要完成这一计划必须紧紧联系着对改善群众生活问题，尤其是红军家属生活问题。但是我们对于优红家属工作是非常做得差，如崇安之坑口区有一百余家红军家属、上铅有一些被难的红军家属发生困难，都没有完全替他们解决，改善群众生活问题，同样也抓得不紧，如粮食、食盐及一切日常生活问题，有些地方是发生困难，政府没有给以具体解决，以致不能把群众对战争积极性提高最高限度，各级政府对改善群众生活问题必须放在重要议事日程上，对红军家属困难与其实际的要求，必须迅速予以解决。群众生活同样的也要给以具体解决，同时对群众政治教育必须加紧，今后在各乡群众会，必须详细解释目前政治形势与苏维埃一切工作，发动群众讨论如何来执行，尤其是应将红军北上抗日意义彻底粉碎敌人五次围剿任务，与苏维埃三个月计划，秋收与粮食问题，发动白区进行秋收斗争问题在群众中进行广泛的宣传与解释，这样动员群众加入红军加入赤少队，加紧秋收等。

4. 为要了解各级政府工作情形，好实际指导各级政府工作，报告制度必须建立起来，在八月份廿多天，我们还没有接到各县执行情形报告，这确实令人气愤的，分苏政府责令各级政府今后每五天应向分苏做一次报告，区苏的报告亦以一份送分区苏，以好实际的检查各级政府工作。

以上指示，各级政府，必须讨论切实执行。

闽北分区苏维埃政府

主　席　温卿绍

闽北分区工联会关于扩红等问题
给各级工联的指示信

（1934 年 8 月 28 日）

各级工联亲爱同志们：

1. 分区工联为着提早完成八月、九月、十月三个工作计划，提出六条条件与团分区委订立革命比赛，提高工人积极性。但在廿余天检查起来，没有得到各县回答，在目前战争紧急关头，我们工作做的这样迟延，是不能令人满意的。

2. 在扩大红军方面，是目前第一等任务。然而各县对这扩红工作比七月份还要退步，如崇安县只扩大四名，其余的县亦同样没有注意，只有分区工联直接领导的大安区获得了很大成绩，他的分区工联会召集联席会讨论，在联合所承认的数目十四名，现在已在半个月完成，不但完成，而且超过数千（十）名。他们的工作不但比七月份好，而且比红色五月成绩还要好，在他们所动员扩大红军成绩是能够在支部委员会健全工作和教育会员。在这次动员是用目前政治与我们工会任务向各工友说清楚，同时帮助他们解决困难，而引起大安乡支部提出比赛，使大家热烈报名参加红军去，以后有几个支部响应来加入红军，还引起各县反映上来，不但没有注意扩大红军工作，而且对各种工作同样放弃。如：（1）吸收雇农工人六百名加入劳动互助社；（2）恢复五个工厂给失业工人做工；（3）访（节）省经费、工资五百元帮助战费；（4）订立十五个工厂及合作社集体合同；（5）建立五个工人俱乐部给工人娱乐和学习文化政治工作。在这一工作条件提出与团分区委比赛已有廿余天，还没有得到各县正式回答。只有各工厂直接在工联领导之下的，在联席会承诺在三个月内完成五百元来帮助战费和建立几个俱乐部来回答三个月工作计划的号召，这是国家、企业工厂工会支部工人响应分区工联与团分区委订立比赛，争取胜利的先声。

3. 为什么各县对扩大红军与其他工作还没有成绩，主要原因各县工联没有把工联决议与团分区委订立比赛内容条约详细具体讨论和布置，有计划地深入下去。但对于这一具体领导有好几县和讨论，如上铅、广浦、崇安等县，其他县有讨论没有深入到支部去，不但支部就连区一级工会亦不知得比赛条约与三个月工作计划。

4. 为着完成扩大二百名红军来纪念"九·一八"和纪念十月革命，来争取比赛胜利，各级工会立即召集工人支部大会来讨论扩红工作。（1）鼓励各支部委员来比赛，号召工人来参加红军，学习大安区一样动员整个支部来参加红军，来完成工联提出比赛数目字；（2）同时动员所有农业工人整个支部加入劳动互助社，加强无产阶级领导，完成六百名工人数目与超过；（3）立即发动失业纸工与老板槽户斗争，和与劳动部商量恢复五个工厂来解决工人生活；（4）立即进行在各工厂及县区乡合作社，订立集体合同与劳动合同十五个；（5）立即建立五个工厂的或一区一乡的真正工人俱乐部给工人娱乐的；（6）发动各业工人节省工资和经费来帮助战费。在这六条条件要广大工人来拥护，才能完成与超过数目。

5. 为要将工联决议与团分区委订立比赛条约在短的时间提早完成，首先地要动员县一级工会各级委员会各同志来讨论工联决议，把工联所提出条件与团分区委比赛的内容做广泛宣传，深入到下层支部工人中去，发动工人支部学习大安区及各工厂支部，用户突击精神和比赛方法来拥护和执行工联决议，在九月内来完成以上一切条件。

6. 为要在短的时间和执行上口工作，要求各级工会工作同志，不怕疲倦能继续突击精神，做刻苦耐劳做说服工人群众和帮助工人解决困难，才能执行一切工作。同时要开展思想斗争，坚决反对那些对战争动摇疲倦、说召集会不到、人少不能工作，消极怠工向困难投降那种分子做无情的斗争，才能保证这一工作完成与超过数目，在这一工作执行情形应经常向上级详细报告，纠正过去那种简单说说，不说情形，不指事实，使上级不能具体指示。望各级工联会经常检查下层工作和了解下层实际情况、错误和缺点报告来，以便指示。

致以

布礼！

分区工联会

八月廿八日

闽赣省军区政治部布告

（1936 年 6 月）

　　由于我苏维埃红军扩大与开展，为着适合目前的需要，更有力的领导红军，彻底粉碎帝国主义国民党五次"围剿"，现遵闽赣省革命委员会和中国共产党闽赣省委的命令，成立闽赣军区政治部，今已开始工作，并号召我一切红色指战员勇敢、坚决、巧妙、顽强作战，号召全省工农群众为着土地与自由踊跃的加入我军，一致来打倒卖国贼国民党，驱逐帝国主义出中国，为着争取全国苏维埃胜利求得全国工农的彻底解放而奋斗到底。

　　此布

主　任　曾镜冰

闽赣省肃反委员会布告

（1936 年 7 月）

　　帝国主义国民党的五次围剿，虽然他一方面用尽所有的军事力量向苏区和红军进攻，另一方面利用豪绅、地主富农、流氓、封建残余组织、反革命潜入革命队伍中进行破坏革命，响应白匪进攻，企图消灭革命，然而我们革命不但没有被其消灭，相反的革命运动更加飞速向前高涨着，广大群众在共产党正确领导之下，对反动统治不满，反对统治阶级的阶级斗争，一天天地激烈高涨，尤其是主力红军及各地红军在艰苦斗争中获得了不断胜利，许多新的苏区创造游击区域的猛烈扩大，闽赣省更在这一艰苦奋斗得来的胜利中成立起来。

　　因此为着更有力巩固和猛烈发展苏区红军，为着更有保障工农群众利益，争取战争全部胜利，经闽赣省革命委员命令成立闽赣省肃反委员会，有力加强对全省各级肃反机关的领导，来彻底肃清一切反革命派。

　　省肃反委员会为着完成省革命委员会交给的任务，还是依靠广大群众热烈拥护与帮助，因此特号召全省工农群众及全体红军，热烈自动参加革命战争，参加肃反工作，帮助收集一切反革命的材料，来彻底肃清反革命派，来争取战争全部胜利，此布。

主　任　曾昭铭

中国共产青年团闽赣省委告青年群众书

（1936 年 7 月）

亲爱的青年群众：

你们在国民党的摧残与压迫下已一年余了，过着牛马不如的痛苦生活，这想必你们是会想罢，国民党用尽一切的捐税来剥削你们来压迫你们，动手就打，动口就骂，动脚就踢，这是何等的痛苦呢！

回想一下过去在苏维埃的政权下是何等的快乐呢！取消了一切的捐税，分得了土地，每人吃的是猪鸡，反动势力是完全消灭了，土豪也不敢来收租了。

我们要想不受国民党的压迫，要过着在苏维埃区的快乐生活，只有起来推翻国民党的统治，建立苏维埃政府才是我们的出路。

青年群众！到红军中去，到少先队去，配合红军出发才是我们唯一的出路。

中国共产青年团闽赣省委

闽赣省工联会告工友书

（1936 年 7 月）

亲爱的工友们：

你们在帝国主义国民党资本家及二头压迫之下过着牛马不如的生活！

工友们！在这一二年多受着压迫，派夫派捐还没有工做，这些事实已给你们尝过和受过。

工友们！过去在苏维埃政权之下有劳动法保护你们，有工会领导你们，增加工资，实行八小时工作制，这是多么快乐啊！你们还记得吗？我们相信你们时常记着吧！

亲爱的工友们！在五次战斗中，我们中央红军获得了伟大胜利，扩大施工苏维埃区域，我们闽北红军在建□、邵武、顺昌、松溪、政和、古田一带创造大块游击区域，与闽东苏区取得联系，现已成为闽赣省来领导广大工农劳苦群众配合主力红军与国民党斗争。

工友们！想谋解放只有拥护共产党、苏维埃、工会的领导才有出路。

工友们！赶快觉悟加入工会，团结一致，与豪绅地主资本家国民党斗争才能保障全体工友利益。

新爱的工友们！一致团结起来！你们是个无产阶级的应站在农民前面，做农民的领导！

闽赣省工会联合会筹备处主任　吴华有

中共闽赣省委关于开展抗日反帝斗争的决议

（1937 年 2 月 7 日）

去年十月间省委决定在地方召抗日反帝斗争组织抗日义勇军，划分各区为民众对日作战分区，但对于抗日号召仍未普遍地深入群众，今后必须抓紧下列各点：

1. 在群众中广泛宣传日本帝国主义暴行及企图占领福建省的阴谋，希望群众一致团结起来共同抗日。

2. 号召一切不愿做亡国奴的中国人，不论职业、团体。宗教信仰，政治派别，一致联合起来，共同进行抗日的民族革命战争。

3. 在白军士兵及□下级军官□扩大抗日统一战线的宣传指出联合抗日，中国人不应打中国人，才是民族的出路，号召白军士兵反对进攻红军 ，要求一致北上抗日。

4. 为着团结更广泛的群众，各地发起组织抗日救国会，吸收工农群众、学生、知识分子、自由职业者，广泛的群众加入该会，尤其应该设法派人到附近城市中去进行工作，□学生中抗日宣传与组织，崇安应设法崇安城，广浦应设法浦城内组织，建松政应建立浦城，松溪、政和组织，邵顺建应建立邵城，洋口，顺昌等城之组织，边口县委应建立延平、建瓯、古田等城市组织，贵南应设法建立临时贵溪等城之组织。

闽赣省军政委员会政治部训令

（1937 年 3 月 7 日）

一、党的总路线是发动团聚与组织全国民族一切革命力量，去对付当前的敌人日本帝国主义与卖国贼，不论什么人，什么派别，什么武装，什么阶级，只要是反对日本帝国主义与卖国贼，都应该联合起来，使全国人民有力的出力，有知识的出知识，有钱的出钱，有枪的出枪，都参加到反日阵线上去，在党的总路线下列的新任务。

1. 进行大刀会山土匪工作，并组织县区抗日政权"抗日联合"等，及抗日义勇军、人民革命军等。

2. 对联合的武装，我们应加强其下层工作，使逐渐的完全到党的领导之下，但切莫想立即把他改变为红军或立即完全在我们指挥下，使他们对我们发生反感。像过去闽东北对一些山土匪立即派政治委员去要其把款子完全缴他们，以致发生叛变□□□□□□我们对这武装如果他不能完全接受我们指挥时，我们可和党员到他们的下层工作，宣传我们党的主义或从实际的行动，表示我们反日坚定性而争取党的领导权。

二、苏维埃政策改变了现在的口号是工农商学兵联合起来，我们应有下列的转变。

1. 对一切知识分子、学生、文学家、科学家、艺术家、工程师、医生、新闻记者，不论他们什么成分，只要不是反动领袖都要保护他们，甚至失业的知识分子应救济他，以吸引其加入反日阵线。

2.对小资产阶级、小工商业，我们应保护他们，绝对禁止将几百元以上至几千元的商人捉来罚款，对较大的商家也只能向他们捐款（至少要千元以上的方可），只有是反动头子开的商店才应从政治上没收。

3.对于富农也不应捉来罚款或捐款。

4.地主是封建势力的基金不应与其妥协，但在白区有小些地主能同情于反日，而不是工农群众所痛恨者，自动捐款的可不没收其财产。

5.在火线上俘虏来的白军下级军官如营长、连长、排长不俱是法西斯蒂分子，应向他诚恳地宣传释放回去。

为了顺利执行这些政策，为了很快地同日本帝国主义作战，为保证民族战线的领导权，必须做到下列几点：

1.红军是抗日先锋队，要扩大与巩固，像一纵队那样大消耗实是严重错误，今后必须实行有力的转变，对新战士不但给予政治教育，且要特别注意改善他们的生活。

过去一般十人团工作的放松，必须立行转变，尤其是肃反教□及肃反网工作，须注意建立起□□□反革命活动。在最短期内把各纵队各支队的人数充实起来，和创造新的纵队支队及游击队。

2.进攻时反对冒险主义，防御时反对保守主义，转移时反对逃亡主义，像四纵队及一纵队之打硬战应即纠正，就是有可缴得一些枪支如果有大损耗，我们都避免之要了这一时期，我们基本任务是保持有生力量。

3.在自己行动区域广泛的发展游击战争，在自己游击区域内普遍的建立游击队。

4.在自己行动区域广泛建立群众组织，在环境许可之处帮助与发动群众组织乡区抗日政府"抗日军政委员会"，在环境不许可之处应该建立抗日联合会，扩大我们抗日的宣传。

5. 各部队应用文字"如写信、粘标语散传单等"口头的"喊话"等，以及各种方式向白军士兵及下级军官进行反日宣传鼓动工作，我们有组织的群众利用亲戚朋友关系去向白军士兵，尤其是民团团丁口头劝告或写信劝告，同时应设法派人打入白军部去进行组织工作。

中共闽赣省委关于红色五月工作的决议

（1937 年 3 月 28 日）

今年红五月中必须坚决完成下列任务：

一、猛烈扩大号召将党中央反日统一战线的主张与苏维埃中央政府宣布的政策用文字的、口头的以及各种各色方式进行广泛地宣传，深入到一切阶层中，尤其是工农群众及小资产阶级群众、知识分子中去，各部在红色五月中行动必须扩大这个宣传为自己主要的任务。

二、中央政治决议须扩大红军百万，因此，在红色五月中主要的力量放在扩红工作上，各特区委作战分区完成与超出省委所规定的数目给予奖励与奖品的扩红竞赛。

闽北分区必须把第一分区各主力部队比原有扩大二分之一，闽中特委必须把第二分区主力部队扩大一倍，抚东特区必须把第三分区各主力部队扩大二分之一，闽东北特委必须把第四分区各主力部队扩大一倍，各分区必须繁殖新的抗日游击队。

三、巩固红军须消灭逃亡叛变的现象与一切无意义的消耗对革命的破坏，对于部队生活必须尽力改善，谁忽视改善部队生活，谁就是不愿巩固红军。

四、在红五月各部队必须向反动统治比较中心的地方行动与攻下几个重要市镇，扩大反日号召，反对冒险主义，要灵活运用游击战术。

五、必须以大的力量进行工人中的工作，闽东北特委必须在红五月中建立起福州、延平、建瓯八个重要城市及闽东沿海与闽江的工人组织，闽中特委必须建立起浦城的工人组织。

必须设法打入城中去进行知识分子中尤其学生中的反日宣传与组织工作，必须提出"五四"与"五卅"运动的光荣历史来进行鼓动以及厂江宣传出对小资产阶级群众与知识分子政策，领导他们来组织抗日救国会，闽东北特委必须设法进行福州、建瓯两城市学生运动，如果他们已有组织必须与他们组织联系，其他各地党应进行附近城市的学生运动。

在农村中必须把反日斗争与农民青黄不接和反苛捐杂税等斗争联系起来，必须在我们部队所到的地方建立起区乡抗日政权的组织与普遍建立起赤色农会组织。

必须设法找其他能够联合的反日政治派别的武装同志部队，进行民众革命统一战线的谈判吸收他们加入抗日联合会与他们结成反日的巩固联盟。

加紧向由士兵官长宣传我们的抗日主张，利用亲戚朋友与家属关系进行民团团丁的宣传，如写信或口头对告等，利用一切可能去接近白军士兵和团丁进行组织工作。

黄道等同志致国民党江西省主席熊式辉函件

（1937 年 9 月 20 日）

楚□县长转

江西省政府熊主席钧座：

日寇从"九一八"以后，不断占我土地，蹂躏我同胞，种种暴行，罄竹难书，最近更在卢沟桥敌意挑衅，企图再占华北，与准备并吞罄个中国，以实现其所谓大陆政策，凡属爱国男儿莫不义愤填胸誓与日寇周旋，以挽救危亡的民族，我辈向以抗日救国自任，对于救亡图存工作，决不后人。近闻蒋委员长已调集大军应战，闻讯之下，深为中国民族前途庆幸，为中国民族生存计，为中国同胞脱离亡国命运计，我们自当竭诚拥护蒋委员长的抗日。因此，我们上月曾有一函送达邵武专员公署转呈南京国民政府提出我们意见，尚未知达到与否，目前抗日战事日见紧张，一切抗日力量的大团结，自更刻不容缓。因此再将我们意见诚恳向钧座提出，恳请转呈。

南京国民政府裁夺：

一、钧府决定要我们将抗日红军名义，改为抗日义勇军，我们可以接受，薪饷支给亦无问题，唯区域指定，我们认为有具体商榷的必要，在原则上我们要求将与抗日有意义的地区归我们在此地区同，实行抗日言论集会结社自由，取消对劳动人民的苛捐什税，以累积税率增加不劳动所得税的征收，以实现有钱者出钱，有力者出力的主张，在此区域内抗日的后方动员工作我们当负全责，总之我们必须使此区域的一切都能有利于抗日，决不使任何有害抗日的事件发生。

二、我们领袖朱德、彭德怀等同志即率部抗日最前线工作，一切问题更容易解决，我们要求允许我们向朱彭等同志通信，请求他们指示，他们一切指示我们均当服从。

三、在谈判未确定以前，我们当令所属各部队首先停止军事行动，停止打土豪，但我们命令能够迅速传达各部队以及便利与钧座接洽商榷起见，要求转福建军政机关立即将崇安城至分水关一线，崇安城至岚谷一线，星村曹墩等地及建阳之杜潭邵武之二都桥驻军首先一律撤退，驻军撤退后，该地治安我们当负责维持，地主的生命财产我们可担保不侵害，对于商店，我们更当负责保护，即使过去与我们有过仇怨者我们亦完全抛弃，不再计较，同时请将各地包围出去的群众一律允许其回家安居与进行收获。

我们现特派蔡诗山同志与光泽高县长接洽，请派一负责代表随蔡同志来与我们谈判；总之，我们唯一的希望，是全国一致团结抗日争取抗日的彻底胜利，只要与抗日有利我们无不竭诚接受。

特此敬祝

抗日战争彻底胜利！

中华苏维埃人民共和国闽赣省抗日军政委员会

主　席　黄　道　印

副主席　曾镜冰　印

曾昭铭　印

黄道、曾镜冰同志给叶剑英同志信

（1937 年 9 月 24 日）

剑英同志：

从野战出动以后，我们即遵守中央指示在闽赣边区坚持斗争，当日本帝国主义侵略中国形势日益紧张当中，我们曾遵照中央主张，不断提出联合一致抗日，最近抗日战争暴发，我们更向各方具体地提出，在江西光泽方面已有初步接洽，但福建方面未给我们提议以答复。

近见报载朱主席和彭德怀同志已任八路军总副指挥之职，东进对日作战，并知你已到南京组织驻京办事处，是团结全国一致抗日，中央已与国民党接洽就绪，但我们问题未得中央具体指示，决定似感困难，我们以及这方各负责同志意见都要求你将我们问题转请中央指示，并请亲自来我处一次，指示我们，以便我们问题迅速解决，使我们能专心抗日工作，南京到江西不过十余天往返，想亦无甚困难，不知可以否？如你能来，可先来光泽县，预先由光泽高县长找人来通知我们。

特此致以

抗日胜利之祝

黄　道印

曾镜冰印

黄道等同志致国民党光泽县长信

（1937 年 9 月 24 日）

高县长：

来信及寄来附件均收到，我们已派蔡诗山同志前来接洽，想已到达光城。

对于国民政府及蒋委员长的抗日，我们当竭诚拥护，我们始终抱定一致抗日的主张，只要与抗日有利，我们无不乐从，但最好须得我们上级做最后的决定，我们的领袖朱德同志既已通电就八路军总指挥职，东进杀敌，如得他的指示，我们一切问题都可完全解决，因此我们今特写一信递寄南京八路军驻京办事处叶剑英同志，请费心代转去！以便迅速实现我们一致抗日的主张。

我们特再郑重声明，在问题未解决以前，我们自当首先停止军事行动以表示诚意，如近日我们部队在光泽来往，虽当地无一驻军，我们部队亦无丝毫侵犯，唯在福建地区如崇安、邵武、建阳一带，仍有不少民团故与我们为敌，如包围出去的群众仍不放其回家收获，致田园荒芜，群众敢怒不敢言，而且强迫群众守口封锁我们粮食，他们对于日寇飞机声好似充耳不闻，而对于本国抗日同胞则硬不肯放弃其敌视态度，不知是何居心，我们已再三忍耐，但是此下去，难保不发生纠纷，这对于团结抗日是有极大妨碍的，故特请转达福建军政机关令各地民团，将在我们地区包围出去的群众一律释放回家安居，将各地民团调离我们区域，取消对我们的封锁静候正确解决。

总之我们所希望的在能团结一致抗日，我们无不乐从，如果破坏抗日，兄弟相戕，我们不但自己不愿为，而且对此种行动，也决不加以宽恕。知阁下对我们主张已相当谅解，故特为阁下陈之，特此并祝抗日前线节节胜利！

黄　道　印
曾镜冰　印
曾昭铭　印

黄道、曾镜冰同志给国民党光泽县长信

（1937 年 10 月 9 日）

高县长勋鉴：

　　转来省政府及七十五师宗师长电已接阅，此次弟等接洽纯为遵守中共中央精诚团结共赴国难的政策，完全出诸至诚并非如福建省政府所云"以收编为掩护"与"借名滋抗"至于各处仍发生纠纷者不外两种原因：其一因福建各地民团对其上级停止对我们敌对行为的命令采取阳奉阴违的伎俩，虽其力量不能以军事进攻我们，但仍到处厉行封锁阻我交通，如我们部队经过二都桥时该地壮丁首先开枪射杜潭荣墩等地民团，亦厉行封锁交通不准群众回家，甚至曾昭铭同志经过邵武铁罗巷附近时，铁罗巷壮丁队竟埋伏射击，此即发生纠纷原团之一；其二正因为我们交通受阻碍遂至我们信件难于传递甚至无法送达，如丘有贵已与弟等数月断绝交通至今尚未找着，汪林兴同志处信件亦尚未送到，因我们交通全靠徒步一受阻碍更难递到，非如有电报电话等近代交通工具可迅速传递也，兹特请电转福建省政府及宗师长严令各地民团勿再对我们取敌对行动、释放各地民众回家安居，取消对我们的封锁给我们以交通便利，同时弟等已再去信所有各部队立即停止军事行动，只要弟等信件能达到即不致再有纠纷发生。特此敬复并请将弟等意见转达有关各方是荷敬祝

　　勋安

　　　　　　　　　　　　　　　　　　　　弟　黄　道　印

　　　　　　　　　　　　　　　　　　　　曾镜冰印

黄道、曾镜冰同志给国民党崇安县长信

（1937 年 10 月 17 日）

崇安县长勋鉴：

自暴日大举侵略我国以后，凡属爱国男儿莫不义愤填膺为中华民族解放而斗争，道等奉中国共产党中央指示放弃游击战争及过去一切活动与中国国民党精诚团结共赴国难，道等已在光泽县与江西第七保安司令部□□□□□周副司令及光泽□□□□□高县长面商结果，道等为表示诚意起见，首先自动将红军编改为赣闽边抗日义勇军独立团，并得周副司令谅解，电请江西省政府首先撤退铅山县属石塘紫溪杨村车盘一带驻军及民团同时由□□□□□江西省政府电请福建省政府将崇安各地民团驻军全部撤至崇安城以便敝部集中，其余问题道等已派曾昭铭同志与□□□□□周副司令亲赴江西省政府接洽，现道等已到崇安，部队亦将陆续开到，据闻崇安各地尚驻有民团，未知□□□□□贵县长已否接到□□□□□省政府电令，为避免误会起见，特函遂前来请令□□□□□贵属各地民团撤至县，各地秩序道等当负责维持，不致有任何侵扰事件发生，对崇城至分水关一线筑路工程亦当负责保护，总之道等在精诚团结共赴国难雅不愿再操同室之戈，一切问题均愿开诚协商，如蒙派代表来临面晤尤当竭诚欢迎，同时请□□□□□贵县长向各同胞解释勿事怀疑，对于过去一切仇怨，道等均当抛弃，不再计较，以便一致团结为实现独立自由幸福的新中国而斗争敢布区区尚祈。

鉴谅并祝

健康

黄　　道印

曾镜冰印

十月十七日

黄道、曾镜冰同志给国民党崇安县长信

（1937 年 10 月 22 日）

蒋县长勋鉴：

　　复函奉悉，承□□□□台端协助敝部集中甚感！唯崇分一线驻军如不撤退，使敝部在集中上交通以及一切关系上均多妨碍。至云"因碍政治之推进碍难撤退"但道可负绝对责任，决不妨碍政治上之推进，一切政治上之措施仍可照常进行。道等且可以协功。故仍请台端电请。

　　省政府允撤退崇安一线驻军以便敝部得以迅速顺利集中，现在部属精诚团结，对于任何阶级人士，敝部决不加以丝毫侵犯，即过去仇怨！亦当完全抛弃，请通知保甲长转告各界人士勿生疑惧心理！敝部本拟进驻大安，因得项队长来函云："未得上峰命令不敢擅自撤退"。道等为避免发生误会计，故暂在浆溪一带停留，以候台端复示再行迁移，道等要求撤退崇安一线驻军完全为着诚部便利集中，同时据八路军驻京办事处处长叶剑英同志由光泽县长转来一电，八路军不久有代表来与道等接洽，故此一线驻撤退，与各方面联系均较便利请

　　台端谅之！特此顺祝健康

黄　道　印

曾镜冰　印

三七年十月二十二日

黄道、曾镜冰同志给国民党崇安县长信

（1937 年 10 月 25 日）

蒋县长伯雄同志：

来示敬悉，当前国难当头，凡属爱国同胞应捐除一切成见，一致争取抗战胜利，道等本民族利益高于一切的原则，故在光泽与江西省保安处代表同志及高县长开诚接洽，此心此志，当为台端所谅鉴也，唯各地部队，因交通阻碍□，未能迅速将道等意志，迅速转告彼等，以致间或有违反道等意志的事件发生，诚属遗憾！承示王水老问题，如果确有其事，自当给以相当处分，唯过去因道等远在光泽方面，交通阻滞，曾两月来未通音信，不久以前，曾令彼等立即停止游击行动及过去一切活动，想系彼等未能彻底 了解道等意志，故有此错误行动发生，道等今接来示自当加以制止，现已设法给信彼等，责令彼等立即停止一切活动，迅将所提人员如彭火肶等一律释放，今后并不得再有违反贵府行政法令事件发生，而且叮嘱彼等，今后并应协助贵府抗战的动员工作，想道等信到后，当不致再有问题发生，道等本拟将彼等调来集中，唯崇安一线如大安、小浆、路口，洋庄各地皆驻有部队，交通不便，且恐发生误会，故道等为极力避免误会，到至今迟迟未能顺利集中，如省政府允将此一线部队撤退，对于敝部集中以及交通上自当更加顺畅也，故此层仍端谅之，则不胜铭感！

敝部如全部集中，约在数百人，现仅集中一部分，因交通阻碍，致远在建浦松政古屏宁寿福及闽浙边境部队，尚未能将信送去，故时间上尚未能确定，尚须视交通畅达与否为转移。

　　如蒙派代表莅临面商，无任欢迎！因如此当更能除去一切隔膜边，特此奉复并祝

　　一致抗日胜利！

黄　　道印

曾 镜 冰 印

十月廿五日

黄道、曾镜冰同志给国民党崇安县长信

（1937 年 10 月 28 日）

蒋县长伯雄同志：

二十七日函奉悉，敝部向行志愿兵制，并未强迫征兵，但一部分下级人员，或难免有强迫情事发生。尊函所嘱，已公函制止。

前函所嘱程溪历村武夷岩问题，道等已函责汪林兴、王水老同志等。兹据彼等来信云："据崇安县政府给你们信程溪历村武夷岩等地捉人。这个问题，我前已接到崇安县政府来信，说岩上火肸要我放回，我即检查并不是我们部队去捉，自你十号来信后，崇北营与我们一块未行动并通知了广清、上广、崇安各区停止军事行动，捉土豪也未有，据查程历村捉人是山土匪，不知住在何处，有人说是十八村来抢劫岩上的。"此事件仍退贵府详细侦查，来程溪历村岩上等部队，究系从何方来，向何方去与属何方部队，自不难水落石出。道等亦当设法调查。惟道等在崇安部队，在崇西北乡及崇浦，崇广等处，系汪林兴同志所指挥，在崇南与建阳交界处部队系丘有贵同志所指挥，据查武夷岩事件发生之日，丘有贵同志已率部来道处，而汪林兴来信又云无此事件。是此三地事或系别部分部队，非道等部属所为，请许察之，总之道等一切，均遵从我中共中央指示，今中共中央既已宣布和平统一团结御侮，道等自当绝对服从，不敢有异，当前民族危急存亡紧急关头，道等更当竭诚拥护我中共中央主张在政府统一指挥之下，为民族解放斗争。自当严厉约束部属，不得有妨碍社会秩序及破坏团结御侮之行动，如上列三地事件，系敝部所为，自当严加处置，如非道等部属所为，自难负责。惟亦当协助贵政府调查，与尽力所及加以制止，以便后方巩固，使抗日战争得最后的胜利。敢布区区伏祈鉴谅。并祝

　　抗战胜利！

弟　曾镜冰　印

黄　道　印

黄道同志复国民党崇安县长函

（1937 年 11 月 9 日）

蒋县长伯雄兄：

　　来函奉悉：查叶飞、黄培松、沈冠国、阮英平、陈挺等所部去年即归道指挥，唯自今年上年因交通阻碍隔，至今尚未取得联系。道前在光泽时，即派王助同志前往找寻彼等，面达道等团结御侮之主张，令其停止游击行动及过去活动的并开来集中，但因尔时沿途都遭阻碍。王同志到崇安后又染重病。致延时日。现王同志病已痊愈，日昨又承赐以证明书，即日即当动身前往叶等地区。一候王同志与彼等面晤后，彼等自当与道等一致也，惟道必须陈明者：即叶等多年脱离上级关系，去年才由彼等自己要求归道指挥，且其个性较强，故道慎重考虑，觉彼等须派得力人员前往解释，才能接受道等主张，故以前即决定派王同志亲去，盖恐寻常交通送信去，反而使彼等对道发生误会，更难处理也，故现仍须王同志亲去，才较妥当，同时请兄转电米师长等万勿用"投诚"等字句，以免叶等及其他下层同志见之对道误会，另生枝节，以上均系本诸救国至诚，务请鉴谅！特复顺颂

　　公安

弟　黄道谨复

十一月九日

黄道同志复国民党崇安县长函

（1937 年 11 月 11 日）

蒋县长伯雄兄：

　　九日两函均奉悉，关于米师长电询各节，昨已详细陈复，至于连福生问题，弟尚未接到彼之报告。昨接尊函始悉。已立即去信告彼，令其率部离开江陈，想不致有何问题发生。

　　弟现有事问兄诚恳要求，请兄站在精诚团结共赴国难之立场上，俯允兄弟之要求！受过去贵府所逮捕敝部之工作人员及战士，至今尚未蒙释放，如林瑞通（岩下人）杨老雷（中村坂人）等现尚羁押在狱，其余尚有多人，弟思在此全国一致团结抗战之时，对于此等政治犯自应释放出狱，使其得以在抗战当中，稍尽一部分职责，而国家亦可增加些微救国力量，且释放政治犯，蒋委员长几次谈话中均曾提及，且如章乃器等重要政治犯，亦已早蒙释放，故对林杨等及其他在贵府羁押下之政治犯统请一律释放，是否可行，请示复为祷，特此顺颂

　　政祺！

弟　黄　道

十一月十一日

黄道同志给国民党崇安县长信

（1937 年 11 月 29 日）

蒋县长伯雄兄：

　　来函奉悉，黄连坑壮丁队叛变事，弟以前毫未闻知，及金队长函告始悉，除即函复金队长外，弟即通知敝部各方队伍侦察与协缉，唯该叛部当时逃经何方，不知金队长侦悉否？据铅山方面消息及敝部驻铅山之负责人报告：目前有十余人到铅山之五都埠，该地保长即以电话报告铅山县长，县长即电询敝部驻铅山负责人是否系敝部派出，查敝部并未派队至五都埠一带，是此部分，很可能是黄连坑逃出之人，除令敝部驻铅山部队设法侦缉，请令黄连坑金队长设法派人侦缉以期早日归队，惟弟必须郑重声明者，当前国难最重要时期，弟自当年精诚团结主义，除汉奸外，弟决不作瓦解其部队之举，以破坏抗日统一战线而便利日寇，黄连坑部队确未逃来敝处，阁下尽可从各方调查，如以后逃来敝处，自当全部送还，请释□念。

　　据各方报告：岚谷吴屯之壮丁队近日声称将添置武装，并云不归贵政府指挥亦不与敝部联合，更不愿抗日将采取独立方式云，又上枚之壮丁队亦云，贵政府与敝部联合□等，不再接受贵政府命令仍将与敝部为敌云。以上事件不知阁下有所闻否？弟深恐汉奸从中播弄，破坏抗日战线，务请加以注意！否则抗日团结，后方治安，均将发生极大之妨碍也。

　　据报告，目前旸角保长率壮丁队数人由李岳经过，因一妇女代敝部送一信给该保长，当时即被该保长捉入，施以吊打，为此摧残民众，实与阁下爱民之心背道而驰，且如此仇视敝部，亦与团结抗日之旨相背，虽此妇女现已释放，但不加以惩治，对抗战前途实多窒碍。弟特诚恳要求阁下将该保长予以撤换以惩效尤，否则，彼再发现如此行为，将来引起纠纷，自当责有攸归也。

总之，弟始修本诸精诚团结共赴国难之精神，决不作任何破坏团结，有利于日寇之举，请阁下亦本蒋委员长对本党发表宣言后谈话之意，处理一切，抗战前途，实□赖之。

王同志尚未有回信，尚未达到目的地，以后续叙，特复并颂公安！

黄　道

十一月廿九日

黄道同志给国民党崇安县长信

（1937 年 12 月 27 日）

蒋县长勋鉴：

复函奉悉。水沥事件，据弟派人调查，确有抢劫衣物事实，并非农民虚构，二区区长原系亲自到场，故对此事实自然不肯承认，至云得敝部宣传人员允诺，尤属子虚。弟思二区区长身为政府官吏，意敢违反县府意旨，作此不法之行动，不特有违兄爱民之至意，且造成民众与政府隔离之状态，尤有害于目前之抗战，故为贵府在民众中之信仰计为抗战之前途计，恳请以法惩治以儆将来！兄肯惠临长涧，赐以教益，弟必须欢迎！如得兄台一晤！今后团结，自更能进一步巩固，对于抗战前途，实有重大裨益。惟弟现尚因事留在铅山石塘，恐兄驾临时不克奉候，拟候弟事毕还崇后，再专函邀请，以便畅谈一切。

王助同志尚未信来，闽东政和各地部队侯顾参谋回来后，才能开始集中。

据报载林乃导在政和与该县保安队发生冲突，查林乃导须系大刀会首领，非属弟部，但与弟有相当友谊，对彼此问题，弟可加以说服，使其参加抗日，如省政府能加以允许，弟为团结抗日计，定当设法劝其与政府一致抗战，请兄电省政府请示可否，以便决定，余容以后面叙专此并颂

勋安

弟 黄 道 印

十二月二十七日

回忆篇

黄知真回忆黄道与闽北三年游击战争（节选）

闽北革命根据地，地处信江以南，闽江以北，武夷山山脉北段，闽赣两省的毗邻地区，是连接赣东北苏区和中央苏区的桥梁，战略地位十分重要。它以武夷山为依托，西出江西，北上浙江，东至大海，南下闽中，有广阔的活动空间和回旋余地。它既有秀丽的武夷山区，又有肥沃的建溪平原，盛产粮食、木材、毛竹、茶叶等，素有"福建粮仓之称"，资源极为丰富。

历史上，闽北曾经爆发过多次农民起义。1926年，建立了党的组织。1928年至1929年，在党组织和徐履峻、杨峻德、陈耿、徐福元等同志的领导下，在崇安的上梅、下梅和铅山的石垄、东坑、车盘等地相继举行起义，创建了以崇安为中心，包括崇安、浦城、铅山、建阳等县部分农村的革命根据地，建立了工农红军第55团。群众基础深厚，富有革命传统。

1930年，党中央决定闽北、赣东北两根据地合并，组成赣东北省（后为闽浙赣省）。方志敏同志先后两次率领红10军入闽作战，攻克浦城、赤石、星村、石塘等重要城镇，对闽北根据地的巩固和发展创造了有利条件。省委先后派出几批干部，加强闽北的领导，成立闽北分区委，领导根据地斗争，进行根据地的建设。此时，闽北不仅是闽浙赣革命根据地的一个重要组成部分，而且是一个独立作战的主要组成部分。

黄道同志是1931年到闽北任分区委书记的。他早年投身革命，中学时代就在南昌二中参与发起组织"江西改造社"，出版《新江西》，研究和宣传马克思主义。1923年去北京师范大学学习，加入中国共产主义青年团，次年加入中国共产党，曾担任北师大党支部书记和北京学生联合会的领导工作，参加过著名的"三一八"运动。大革命时期先后在横峰、南昌领导革命工作。第二次国内革命战争时期，参加过"八一"南昌起义，尔后遵照党的指示，同方志敏、邵式平等同志一起，领导了弋横起义，是赣东北革命根据地和红10军的创建人之一，担任省委组织部部长、省军区政治部主任、代理省苏维埃主席和中华苏维埃共和国中央执行委员等职。1931年，因为抵制王明"左"倾冒险主义路线，被排斥出省委常委，调闽北任分区委书记。从1931年到1937年，除在一个短时间到闽赣省委担任领导工作之外，他一直战斗在闽北，为闽北根据地和红军的建设，付出了全部心血和精力。

在分区委的领导下，闽北革命根据地日益发展，红军和地方武装不断壮大，政权建设、经济建设和文化建设都取得了显著成绩。特别是从1934年到1937年，面对数十倍于我之强敌，在极端困难的条件下，独立地坚持了艰苦卓绝的三年游击战争，取得了光辉的胜利。

闽北三年游击战争的全过程，大致可分为以下三个阶段：从1934年底到1935年秋，实现了由苏区到游击区的转变；从1935年秋到1936年底，实现了主要是坚持原苏区内线作战到坚持以原苏区为依托，大胆挺进敌后作战的内线与外线相结合的转变；从1936年底到1937年，实现了由国内革命战争到抗日民族解放战争的转变。

闽北党组织在与党中央失去联系的情况下，独立自主地分析形势，做出判断，制定政策，战胜了重重困难，顺利完成了上述转变。不仅保存了革命阵地，保存了革命武装，保存了革命组织，而且还将游击根据地逐渐扩大到包括崇安、铅山、建阳、浦城、建瓯、松溪、政和、屏南、古田、周宁、寿宁、南平、邵武、光泽、顺昌、将乐、泰宁、建宁、贵溪、金溪、资溪、上饶、广丰等20余县的广大地区。

迎接暴风雨

1933年9月，国民党第五次"围剿"开始，敌人占领黎川、光泽，建成从江西南城经黎川、光泽，至福建邵武、顺昌、南平的封锁线，割断了闽北苏区同中央苏区的联系。1934年10月，主力红军离开中央苏区，开始二万五千里长征；北上抗日先遣队离开赣东北苏区，进军皖南。敌人集中第76师、第12师、第21师、第56师、新编第11师、独立第45旅、"剿匪军"第2纵队和闽赣两省的部分保安团队，共10余万人，进一步加紧对闽北根据地的进攻。而我军只有原闽北独立师改编的红七军团第20师第58团、闽北独立1团、独立2团、红3团和各县独立营、区游击队等地方武装，总兵力5000左右。到1934年年底，敌人凭借优势兵力，构筑碉堡，龟步前进，先后占领了崇安县城和星村、黄坑、石塘、二都桥等城镇；根据地各县陆续转入游击战争，只有以大安为中心方圆不足百里的中心区域，暂时还比较安定。

这时，国民党第12师和独立第45旅从铅山和崇安两个方向南北对进，矛头都指向闽北根据地首府——大安。南线，独立第45旅向崇安以北的四渡桥猛扑，我分区教导队一部，凭借险要地形和坚固碉堡，在人民群众的全力支持下，依靠红军战士高昂斗志，顽强地阻击敌人。从1935年1月3日到10日，经过8昼夜的浴血奋战，给敌人以很大杀伤，但终因力量悬殊，不得不撤出战斗。随后，敌人继续向我洋庄、路口、小浆一线修筑碉堡，步步逼近。北线，第12师占领铅山以南的紫溪后，继续向车盘、分水关进犯。

主力红军长征前，党中央决定设立苏区中央分局、中央政府办事处和中央军区，由项英、陈毅同志统一领导。要求各苏区在原地坚持游击战争，积极牵制敌人，以便将来配合中央红军，夺取反攻胜利。

然而，怎样执行中央的指示在原地坚持斗争？分区委发生了激烈的争论。

分区司令员李德胜，继续坚持"以红色堡垒对白色堡垒，不失苏区一寸土地"的方针，先是主张死守四渡桥，此后又主张继续在洋庄、小浆和紫溪岭、车盘等地构筑红色碉堡，"坚决阻住敌人，誓死保卫大安"。

黄道同志回顾中央苏区的广昌保卫战和赣东北苏区的猪头山、赭亭山、老鸦尖之战，我军打得很英勇，但都没有阻止敌人的进攻；而赣东北起义时，红军数量虽少，但依靠人民群众，以游击作战与敌周旋，却能由少到多，由弱到强，建立革命武装，创建革命根据地的历史经验。想到闽北苏区情况，以5000之众面对10万强敌，力量如此悬殊，要死守一地决难守住，要处处设防将防不胜防。四渡桥一战，给敌人以大量的杀伤，自己伤亡也不小，最后不得不撤下来。现在我们有一支很能打仗的部队，有一块基础很好的根据地，有根据地中觉悟很高的群众，如在武夷山区打游击，则可以同敌人长期周旋。

经过反复考虑，黄道同志认定大安是守不住的，不但大安守不住，其他重要村镇也将落入敌手。与其同敌人争夺大安，消耗有生力量，不如主动撤出大安，保存有生力量，依靠广大山区打游击战争。

他针对李德胜的观点，严肃指出：在目前的情况下，想依靠碉堡，分兵把口，打阵地战来保卫苏区是保不住的。

要准备在主要城镇和交通要道都被敌占领的情况下，在武夷山区依靠群众打游击。他还指出：开始的斗争将极其艰苦，经过一段时间，我们逐渐适应了新形势，情况又会慢慢好起来。

他耐心地引导大家实事求是地认识闽北党和红军所面临的情况，做出正确的决策，得到了黄立贵、吴先喜、曾镜冰、曾昭铭等多数同志的支持。经过激烈争论，分区委否定了李德胜的主张，做了"主动撤出大安，依靠武夷山，依靠老区，坚持游击战争，保存有生力量，配合中央红军，夺取反攻胜利"的决策。

撤出大安街

按照分区委的决定，分区各机关紧张地进行撤离大安的各项准备工作。在干部和群众中进行思想动员，分析当前的形势，讲解分区委的决定。各单位都在清理文件，精减人员，实行轻装，除了黄道和李德胜的坐骑之外，其他的马匹统统杀了，机关饲养的猪也杀了。吴华友还特地为大家做了广东菜——烤小猪。

这时，接到中央的电报，记得大意是：主力红军已经突破重重封锁，渡过湘江，到达贵州，中央准备建立以遵义为中心的川黔边新苏区，取得与四方面军和二、六军团的密切配合，粉碎敌人第五次"围剿"。

中央红军的胜利喜讯，更增添了同志们的胜利信心，大家高兴地歌唱：

中央红军野战军，
沿途胜利多得很，
已经打到贵州、四川的边境。

会合红四方面军，

创造新的根据地；

彻底粉碎国民党的五次围攻。

同志们还积极响应分区委"每人送敌人一份见面礼"的号召，准备了许多地雷、挨丝炮。挨丝炮本来是福建人民在深山老林里用来对付野兽的土炸弹，现在用来对付两条腿的"野兽"，又有了新的用武之地。撤出大安以前，街道上、房屋内、操场中、菜园里，甚至锅灶下，都装上了地雷和挨丝炮。

我58团在洋庄、小浆一线，配合当地游击队、赤卫队，以袭击、伏击、骚扰等方法阻滞敌人前进，在路口设伏，歼灭一个营。

1935年1月25日，北面之敌已接近分水关，南面之敌也进到离大安10里的小浆，和我们只隔着一个山头。那天晚上，同志们集合在大安对面的河滩上，遥望沉睡着的大安，静悄悄的，只有小河的潺潺的流水声。

就在这时，黄道同志出现在队伍的面前：

"同志们，今天我们就要撤出大安了！"一句话，打破了沉闷的空气，吸引住大家的注意力。"现在，我们一切都准备好了，地雷挨丝炮也都装满了。敌人占领大安，除了迎接他们的地雷、挨丝炮之外，什么也得不到。从今天起，我们要转入艰苦的游击战争，在闽北老根据地的崇山峻岭中和敌人周旋。我相信，我们将胜利地回到大安，我们一定会回来的。"

随后，在一声"出发"的口令下，同志们怀着惜别的心情，告别了熟悉的大安，默默地登上了大安东面的高山。

第二天，我们坐在山上，遥望大安，只见片片火光，团团浓烟，隐约听见阵阵爆炸声。不用说，那是敌人接受了我们的"见面礼"。

撤出大安，标志着闽北根据地全面进入游击战争环境。

分区领导机关撤出大安以后，先住在道观厂，再住虹溪，二月初转到长涧源、坑口一线。在这里，接到中央电报，主要内容是：老苏区面前的任务是坚持游击战争，要实现由正规战到游击战的转变，要组织小分队，要有计划地分散活动，环境有利则集合歼敌，不利又分散下去。要紧密联系群众，在群众中站稳脚跟。要占领山地，灵活机动伏击袭击，出奇制胜。要精简领导机关，派得力干部到地方去加强领导。

学习了中央指示，分区委认为，中央指示完全符合闽北的情况，要坚决贯彻执行；大安会议的决定符合中央指示精神，要坚决执行，依靠群众，依靠山区，坚持游击战争打击敌人，保存自己，并使各方面的工作都能适应游击战争新形势的需要。同时，做了一些新的部署。

一、为了有利于根据地中心区域独立自主地领导当地斗争和加强对各县领导，分区委决定成立崇安中心县委，领导大安以东的崇安老区的斗争，曾昭铭同志任书记；将大安西南的崇安、建阳老区划出，成立西南战区，汪林兴同志任书记，领导这里的斗争。同时，分区领导机关抽调一批领导同志到各县去，如分区苏维埃主席温卿绍同志去邵武，总工会主席吴华友同志到广浦，总工会青工部部长王荣森同志到建阳。

二、完善党政军一体化的领导体制，分区党政领导机关，进一步精简，压缩非战斗人员，充实战斗部队，各县、区党政领导机关也要坚决进行精简，彻底执行轻装，以利于随县独立营和区游击队行动，更加机动灵活，对付敌人"清剿"，打击地主武装，保护群众利益。

三、为使各主力团队更加机动，以分为主，能分能合，分散时能在全分区范围穿插自如，必要时又能集中歼敌；决定重建闽北独立师，黄立贵任师长，卢文卿任政委。下辖4个团：以58团2个营为基础组建1团，闽北独立1团为基础组建2团，58团1个营和分区直属机关精减的人员组建3团，独立2团为基础组建4团，全师3000人。1935年2月12日，闽北独立师宣告成立，2月14日各团即按计划分散活动。黄立贵、曾镜冰同志率1团、3团到江西铅山地区，2团留在崇安、广浦地区，4团去建阳、邵武、光泽地区，配合各地党组织和游击队，开展游击战争。

独立师各团分头出发，分区委对崇安、广浦地区的工作作了部署后，率领导机关由崇安出温林关，到江西铅山，准备在铅山活动一个时期，再转移到建阳、邵武、光泽地区。

艰苦的岁月

经过三港整顿，分区领导机关转移到大安西南的溪源、浆溪一带。这时，敌人在根据地内的主要封锁线已经建成，一面继续加紧构筑碉堡，扩展封锁线，一面疯狂进行分区"清剿"。我们在双溪口，发现敌情，转移到北坑，敌人随后进占双溪口。

北坑，距离双溪口约20里，在武夷山主峰黄岗山的东麓，是一条长长的大山谷。这里奇峰峭壁，曲涧飞瀑，茂林修竹，景色秀丽。崎岖蜿蜒的山间小道，串起4个小村庄，加在一起只有几户人家。因为这里地形险峻，只有通向双溪口的一条小路，敌人很难进来。然而敌人驻守双溪口，我们也不易出去。

这时，我们最大的困难是吃饭问题。我们每个人携带的一点粮食吃不了几天，群众也没有余力支援我们，大家只能节省着吃。记得有一次5斤米做了100多人的"稀饭"，清可见底，一碗粥也捞不到几颗米粒。粮食越来越少，就上山挖蕨根、竹笋和苦叶菜、糯米藤之类的野菜补充。黄道和吴先喜决定尽快转移出去。但路口有敌兵把守，有位老人说30多年前有人从小路翻过黄岗山，走50里能到江西。循着这条线索，派人寻找了几天，路的影子也找不到。吴先喜同志说："找不到路，就砍出一条路走。"可在深山密林中，开路谈何容易！一个排砍了几天，还砍不到3华里。

然而时不待人，粮食早已吃完了，蕨根、野菜也越来越难找了，同志们饿得浑身无力，站着想坐，坐下想躺，躺下就不想再起来。黄道同志下了决心：从双溪口冲出去！

经过周密的研究和安排，一天晚上，大家吃了一餐野菜，乘着朦胧的夜色，在小河上架设竹桥，准备必要时进行强渡。桥架好了，突击队员过去了，同志们紧张地等待着。时间一秒一秒地过去了，双溪口却静悄悄地毫无动静。不久，突击队员回来报告：敌人已经从双溪口撤走了。原来敌人同样遇到了吃饭问题，只好先撤走。

离开北坑到溪源，得知粟裕、刘英同志率领挺进师途经闽北，将转到浙西南，现已到车盆坑。分区委决定越过封锁线，回师大安以东地区。入夜，我们站在大安后面的高山上，看到从大安到黄连坑，沿路已燃起堆堆篝火，没多久又听到清脆的枪声，侦察员打响了，知道敌人已有准备，撤回浆源待机。几天以后，再从大安以北越过封锁线。那天晚上，细雨绵绵，天暗路滑，走的又是羊肠小道，行进速度很慢，掉队的同志不少，拂晓时，仍有少数人过不来。这次虽然没有大损失，但是又一次暴露了领导机关的行踪。

4月以后，情况更为严重。敌人已经修建了几十条封锁线，将根据地中心区域分割成几十块。所谓封锁线，实际上就是碉堡线，每隔几百米构筑一座碉堡。每座碉堡守敌不多，但碉堡之间火力可以互相支援。再在封锁线上的重要村镇，设置据点，驻以重兵，利用封锁线分区轮番"清剿"。他们妄图用这种办法隔断根据地的相互联系，消灭红军游击队。按照陈诚的说法，这叫作"撒开大网捕鱼"。还有更狠毒的一招，叫作"移民并村"。强迫据点外的群众搬进据点，在他们难于控制的地方制造"无人区"，拒绝搬迁就以匪论处。在据点里建立保甲制，实行"连坐法"，粮、盐、布和药品实施配给，进出据点要严格盘查，查到携带粮、盐、布、药等物资出据点，就以通"匪"治罪，他们妄图用这种办法隔断红军游击队同群众的联系，断绝我们的衣食来源。按照陈诚的说法，这叫作"抽干塘水抓鱼"。

敌人的"移民并村"，制造了大批无人区，数以百计的村庄人烟绝迹，无数土地被荒草吞没。被迫搬进据点的群众，修碉堡，做苦役，被配给口粮、食盐和日用品极少，过着饥寒交迫的日子。少数坚持不进据点的群众，只能躲进深山，靠野菜度日。在这样的情况下，红军游击队的物资供应自然极为困难。

闽北苏区的人民蒙受着巨大的灾难，红军游击队的处境同样艰苦，既要对付国民党的"清剿"，又要忍受疾病和饥饿的折磨，环境之险恶，生活之艰苦，一般人是难以想象的。然而，对于共产党人，对于红军战士，对于根据地人民，再险恶的环境也吓不倒，再大的困难也能克服。通过一次次实践，交道打得多了，办法也就学到了。

敌人封锁线上的一座座碉堡，看起来面目狰狞，十分可怕，可是一到晚上，却成了一只只爬不动的死乌龟。碉堡里的敌人晚上是不敢出来的，只能每隔几分钟用手电筒四周照射一次，发现我军通过也只是鸣枪送行。摸到了这个规律，就有了对付的办法，白天不让通过就晚上过，大部队不让通过就小部队过，一条路过不了就多路过。只要能在一个晚上通过，敌人就只能望洋兴叹，没有多大的办法了。

对敌人的"分区清剿",也有办法对付：人多目标大，就化整为零；住村庄受地形限制，就在山上露宿；条件稍好，还可以自建茅棚，怡然自乐。"搜剿"的敌人时常会派人在制高点上瞭望，通过发现炊烟寻找游击队的踪迹，我们就天亮以前吃早饭，天黑之后做晚饭，中午带餐冷中饭，昼伏夜动，学会一手能打、能跑、能躲的本领。有时白天睡足了，晚上没行动，就望着天空认星星学习辨认方向。黄道同志常常利用这种机会给我们上课，讲哲学，讲政治经济学，讲革命历史。

敌人的"移民并村"，同样也隔不断我们同群众的联系。红军缺少粮食，群众将自己省下的口粮和食盐，你一把、我一盅地凑在一起，晚上用绳子吊到据点围子外。红军缺少衣服，群众就穿两件衣服出，一件衣服归，穿着鞋子出，打着赤脚回，想尽一切办法接济我们。人民群众冒着生命危险，忍受着生活的煎熬，节衣缩食支援红军，极大地鼓舞了红军游击队的斗志。

就这样，我们采取"坚持山地，依靠群众，分散为主，时合时分，昼伏夜出，机动灵活，保存自己，打击敌人"这样一套行之有效的办法，克服了三年游击战争初期所遇到的重重困难。在封锁线上，在据点周围，在碉堡脚下，到处都有红军游击队在活动，埋地雷，剪电线，摸哨兵，打伏击，不断打击敌人。在据点里，在敌人的心脏，也有我们的同志领导人民坚持斗争，给红军游击队送情报、送粮食。

这些经验，来之不易，付出了血的代价。多少革命群众，为了抗拒"移民并村"，为了给红军游击队传情报、送粮食、送物资惨死在敌人的屠刀之下！多少红军战士，牺牲在封锁线上，牺牲在反"清剿"的战斗中，牺牲在疾病和严寒的煎逼之下。王助同志的一个小通讯员，就是在一个寒冷的夜晚冻死在黄冈山上的，死后他口里还紧咬着一个既为充饥又为御寒的干辣椒。

黄龙岩会议

经过一段时间的调查研究，缜密思考和磋商，一个"以苏区为依托，挺进敌后，开辟新区，内线和外线相结合，开展游击战争"的设想，逐渐形成。

这时，蒋介石重新调整了部署，任命卫立煌为闽赣浙皖四省边区"清剿"总指挥，指挥部由南平迁到浦城，重点放在武夷山北段的崇安、建阳、铅山、浦城一线。他们将实力分为"追剿"和"驻剿"2个部分，针对闽北分区领导机关和红军的主要活动区域，集中兵力进行"清剿"。我分区领导机关由坑口、车盆坑转移到岚谷以西的黄龙岩一带。

7月，黄立贵同志率部队从建（瓯）、松（溪）、政（和）回来，向黄道同志汇报了建松政地区敌人兵力空虚、部队回旋余地大的情况。黄道同志非常高兴，建松政的经验，使他的设想进一步得到了验证和补充。8月，在黄道同志的主持下分区委在黄龙岩召开了扩大会议，听取黄立贵同志的汇报，总结半年来游击战争的经验，研究今后的作战方针和政策措施。出席会议的有黄道、吴先喜、黄立贵、曾镜冰、曾昭铭、王助、饶守坤等同志。我当时是共青团闽北分区委宣传部副部长、分区儿童局书记，实际上主要做分区委的秘书工作，担任会议记录。

黄立贵同志汇报的要点是：建松政地区敌人正规部队不多，主要是地方民团，都驻扎在较大的集镇上，构不成封锁线；行动较方便，回旋余地大。地主基本上没有被触动过，圈有猪，仓有粮，家有钱，市场比较活跃，物资供应较容易解决。困难的方面主要是群众基础差，大刀会势力较强；但通过一段时间的工作，情况正在变化，群众对红军逐渐有所了解，有的地方已有一定的基础；大刀会的情况也不尽相同，有地主、豪绅控制的反动武装，有被逼上梁山的"绿林"武装。经过几番较量，内部正在分化，一个叫作林熙明的大刀会首领，已表示愿意同我们合作。

黄道同志讲了话，将他反复考虑的想法，提请会议讨论。他说：敌人兵力集中在苏区，人民蒙受巨大的灾难，军队作战和生活也极为困难。敌人后方实力空虚，供应不成问题，我们不能只在苏区同敌人周旋，要敢于大胆打到敌人的后方去，调动敌人，打击敌人，让敌人防不胜防。他风趣地说：你搞到我的家里来，我为什么不能搞到你的家里去！我们要以老区为依托，主动挺进敌后，站稳脚跟，创造新的游击根据地。要逐步学会在新区打仗，研究一套新区政策，这些做好了，就能立于不败之地，取得闽北游击战争的主动权。

经过反复讨论，与会同志一致同意黄道同志的分析、判断和意见。会议确立了"以老苏区为依托，挺进敌后，开辟新区，内线和外线相结合，开辟游击战争"的指导思想。会议还根据新区情况，制定了一些新的战术原则和斗争策略：采取更加机动灵活的游击战术，以分为主，时分时合，奇袭、伏击，出奇制胜，善于捕捉战机，又善于摆脱敌人；紧紧依靠群众，关心群众利益，建立秘密党组织，发展多种形式的群众团体，隐蔽精干，长期坚持；采取正确政策，争取多数，打击少数；将没收地主土地改为向地主筹款和减租减息；将建立苏维埃政权改为分化、争取保甲长；对大刀会区别不同的情况，打击坚决与我为敌的反动武装，争取"逼上梁山"的绿林队伍。

黄龙岩会议，是一次极重要的会议，是闽北游击战争的一个重要转折点。从此，闽北的游击战争掀开了新的一页。

洞宫山会议

随着形势的发展，闽北、闽东、浙西南三块根据地品字形地靠在一起，3支红军游击队经常互相往来，几个根据地的领导同志都感到需要进一步加强联系。粟裕、刘英、叶飞同志提议恢复闽浙赣省委，建议黄道同志担任省委书记。经过三方面多次书信往来，粟裕、叶飞、黄立贵、曾镜冰等同志也见面商谈过，确定在建松政地区召开一次三方面主要负责同志联席会议，交换意见，做出决定。

1936年4月，黄道、吴先喜、黄立贵、曾镜冰同志赴建松政，在那里得知粟裕同志不久前已经来过，由于敌人紧紧尾随没有等到我们就返回浙西南，叶飞同志可能在最近到达，因此决定继续在这里等待叶飞同志。这段时间黄道同志亲自考察了建松政地区的情况，对这里的工作和所取得的成绩感到满意，肯定了在新区采取的政策。

几天以后，叶飞同志来了。在洞宫山的仰头村，闽北和闽东的主要负责同志举行了具有重要意义的联席会议。会议开了3天，出席会议的有闽东的叶飞同志，闽北的黄道、吴先喜、曾镜冰、黄立贵同志。我担任会议记录。

会上，首先由双方介绍了情况，交换了意见，认识是一致的。接着，叶飞同志提议成立闽浙赣省委，请黄道同志主持省委工作，以利统一领导，统一行动。他说，已和同粟裕同志见过面，这也是他们的一致意见。黄道同志认为成立闽浙赣省委的条件还不成熟，而且粟裕、刘英同志没有来，也不能做出具体决定，请叶飞同志将他的看法转告粟裕、刘英。尔后，研究成立闽赣省委。叶飞同志提出闽东参加闽赣省委,希望闽北调一位军事干部到闽东独立师工作,黄道同志表示同意。会议决定成立闽赣省委,黄道同志任省委书记,同时还决定调卢文卿同志到闽东独立师工作。

洞宫山会议交换了情况,交流了经验,并就统一领导成立闽赣省委,取得了一致意见。尽管会后由于种种原因,闽北和闽东依然是各自领导本地区的游击战争,但是认识更加一致,联系更加密切,配合更加协调。

洞宫山会议结束后,王助、饶守坤同志继续留在建松政,黄道、吴先喜、黄立贵、曾镜冰同志带着林熙明回闽北老区。因为我们在这个地区活动了一段时间,目标已经暴露,敌人加紧了围追堵截的行动。

有一天,我们过建浦公路后住在一个村庄里,前有小溪,后有高山,村子两头都有门。那是一个风雨交加的晚上,大约8点多钟,林熙明按惯例到外面去拜菩萨,发现夜雨中时隐时现的手电亮光,估计是尾追我们的敌人,马上就跑进来报告。林熙明话未说完,村外就响起了密集的枪声。听到枪声,黄立贵一面说:"不要慌,是民团狗。"一面率领警卫排冲了出去。一个冲锋,将敌人打退半里多路,乘势占领村外的土地庙,掩护领导机关转移。第二天,我问黄立贵同志:"明明是国民党的正规军,你怎么说是民团狗?"他哈哈大笑地说:"我早知道是正规军,民团狗哪有那么多的机枪,我说是民团狗,大家就不紧张了嘛。"

几天以后,路过有名的封建堡垒浦城县的十八村,当地的民团利用浓雾不断对我们打冷枪,而后又遇到堵截的国民党正规部队,为了抢占前进道路上的一个山头,教导队长光荣牺牲。最后在樟村还打了一仗,前面的制高点已被敌占领,后面尾追的敌人也逼了上来,集中火力,前后夹击,妄图将我们歼灭在一条右靠高山,左临悬崖的窄路上。黄道同志沉着指挥,黄立贵同志率部阻击尾追之敌,吴先喜同志率部向堵截之敌发起猛烈的攻击，夺取制高点，杀开一条血路，冲出了重围。

就这样，从洞宫山回崇安，先后打了六七仗，足足走了半个月。回到岚谷以后，黄道同志主持召开闽北党、政、军领导干部会议。根据洞宫山会议的决定，宣布成立闽赣省委，将闽北根据地划分为4个分区：崇安、建阳、铅山、广浦为闽北分区；建瓯、松溪、政和、屏南、古田、南平为闽东北分区；金溪、光泽、资溪、贵溪为抚东分区；邵武、将乐、顺昌、建宁、泰宁为闽中分区。闽北特委书记汪林兴、司令员熊家财。闽中特委书记兼司令员黄立贵。抚东特委书记兼司令员吴先喜。闽东北特委书记王助、司令员饶守坤。独立师各团改为纵队建制。

这个时期，是闽北三年游击战争中的最好时期。根据地发展到20多个县，纵横600余公里，红军发展到6个纵队，达3000余人。

傲雪迎春到

1936年底，国民党集中第45师、第3师、第75师、第76师、第16师、第63师、第52师、第80师、独立第6旅及闽赣两省保安团队，对闽北根据地发动新的进攻，敌人兵力突然激增，形势发生急剧变化。敌人只要发现我军，即使是少数部队，也立即投以重兵，围追堵截。一时，各个地区的处境都极为困难。当时我们还没有同党中央取得联系，不了解全国总的形势，思想准备不足，交通又极不方便，特别是敌人兵力集中，来势非常凶猛，有些部队损失很大，不少同志壮烈牺牲。后来才清楚，蒋介石在"西安事变"中被迫接受我党"停止内战，一致抗日"的主张，虽停止了对我中央红军和陕甘宁边区的进攻，却采取"北和南剿"的方针，集中优势兵力，妄图一举消灭南方红军游击队。

这时，省委在建阳竹鸡笼一带遭到敌第75师的重兵"围剿"，打过几次激烈的遭遇战，黄立贵同志的爱人李冬娥同志壮烈牺牲，徐莲娇同志不幸被捕。各地区的同志，如彭喜财、叶全兴和其他一些县、区的领导干部，也在这段时间相继牺牲。尤其令人痛心的是吴先喜同志和黄立贵同志的牺牲。

1937年初，吴先喜同志在资光贵地区遭到几路敌人的围攻，部队化整为零，分散活动。他带了一支小队伍在光泽县柴家与敌相遇。吴先喜同志率部占领村口的2个山头，敌人攻击吴先喜同志所在的山头未逞，转而攻占了对面的山头，然后集中火力向吴先喜同志据守的阵地猛烈扫射。先喜同志指挥部队撤退，当他最后一个站起来的时候，一颗罪恶的子弹夺去了他年轻的生命。

同年初，黄立贵同志率领的部队在将（乐）顺（昌）泰（宁）地区遭到敌人疯狂"追剿"，部队分散为若干小分队，同敌人周旋了几个月。将顺泰同闽北老区隔了一条富屯溪，一条公路，一条封锁线，联系极为困难。7月，他亲率一个排，打回富屯溪北岸，在邵武县洒溪桥沙田村梧桐际山厂休息时被敌第76师和福建保安5团包围。这位雇农的儿子，久经考验的无产阶级战士，闽北红军的卓越领导人——我们的黄立贵师长，为了掩护部队突围，不幸壮烈牺牲。

经过失败，省委判断形势有新的变化，指示各地：在情况尚未搞清之前，勿急勿躁，切忌盲动，不要急于求战，注意保存有生力量。省委机关也转移到光泽与建阳交界的猪母岗。这里山高林密，远离村庄、大路，但是每天需要派人到几十里外的大洲去挑粮食。有时粮食接不上，又得靠野菜充饥。好在大家已过惯了神农尝百草的生活，而且官兵一样，谁也无怨言。

黄道同志和大家同甘共苦，始终以旺盛的革命热情，坚定的革命信念，顽强的革命斗志和高度的革命乐观主义精神，感染、教育和激励着同志们。记得有一次粮食供应不上，我们煮了一大盆又苦又涩、无油无盐的野菜，同志们望着碗里的野菜，实在难以下咽。黄道同志盛了一大碗，和大家坐在一起，笑着问："你们说说，什么时候最快活？"同志们你一言我一语争着发言，这个说："打个胜仗最快活。"那个说："跑路累了，睡一觉最快活。"黄道同志说："你们讲得都对，不过要我说呀，"他风趣地用筷子敲了敲碗，"今天肚子饿了，吃碗野菜最快活。"说得大家哈哈大笑。苦涩的野菜也在笑声中不知不觉吃完了。对于这种艰苦的生活，黄道同志在以后给友人的信中，曾经自我总结说："在这 10 年中，我经受他人所未经受过的艰难困苦的生活，尝受过人所未尝过的咸酸苦辣的味道。但这对于我却是津津有味的生活。"这段话，正是他一生艰苦奋斗，始终保持革命乐观主义精神的写照。

这段时间，黄道同志和省委领导的主要注意力，都放在研究和分析新形势上。找不到党中央，得不到中央指示，就设法收集各方面的情报，注意缴获、收集来的报纸，片纸只字也不放过。黄道同志说："反动派的报纸，虽然对我们极尽歪曲和诬蔑之能事，但往往也能让我们在字里行间得到一些有用的信息。"

1937 年 1 月底，在一张包盐的上海《新闻报》上，看到头版头条中"张学良杨虎城在临潼劫持统帅"的醒目标题，详细报道了张、杨在西安发动兵谏的情况。虽然那时"西安事变"早已和平解决，但对我们来说仍然是一个特大新闻。同志们非常兴奋，奔走相告：蒋介石终于被抓住了。然而时过不久，看到蒋介石回到南京的消息，又使大家如坠五里云雾之中，百思不得其解，弄不清到底是怎么一回事。

有一天，我们在南平到光泽的公路上截获一辆国民党福建省银行的汽车，缴获了一车钞票，并且从押运员那里得到一本生活书店出版的《生活日记》。日记里的"每月例话"很进步，在12月号里介绍了"一二·九"运动和"一二一六"运动，并且还刊载对进步书籍《八月的乡村》《中国一日》的介绍。这些，都引起我们的极大兴趣。

黄道同志敏锐地觉察到形势正在起大变化。为了进一步了解形势，我们抓住了一个大地主，不向他筹款，只要他为我们订一份《福建民报》和一份《民国日报》，并将《生活日记》广告中登载的所有书籍统统买来。这足足买来了两大麻袋。

2月间，吴华友同志的信终于来了。他在信中说："1936年12月12日，张学良、杨虎城二将军发动了西安事变，扣押了蒋介石。经过党中央派周恩来等同志与蒋介石谈判，已经和平解决。"并随信寄来密写的党中央文件。黄道同志如获至宝，立即组织大家学习、领会党中央的政策、意图。

以后，我们又在《福建民报》上看到国民党召开三中全会，宋庆龄、冯玉祥等在全会上提出"恢复总理三大政策"的提案，以及我党中央致国民党三中全会的电报。经过综合分析判断，黄道同志说："看来形势确实起了大变化，现在国民党的意图很明显，就是'北和南剿'，集中力量消灭南方游击队。我们要针锋相对，尽可能地保存有生力量，准备迎接新形势。在革命新高潮到来之前，要抓紧思想教育，培养干部，做好准备。"

为了适应新形势，迎接革命新高潮，促进全民抗战新局面的形成，省委采取了一系列措施。2月，省委做出了《关于开展抗日反帝斗争的决议》，号召："一切不愿作亡国奴的中国人民，不论职业、团体、宗教信仰、政治派别，一致联合起来，共同进行抗日的民族革命战争。"3月，成立了以黄道为主席，曾镜冰、曾昭铭为副主席的闽赣省抗日军政委员会，并以他们3个人的名义向江西、福建两省国民党当局发出"快邮代电"，提出"停止内战，一致抗日"的呼吁。

尽管我们采取了上述促进抗日民族解放战争的积极措施，国民党当局还是一心要消灭南方游击队，对我们的呼吁根本不予理睬。但是，全国人民抗日救亡运动的高潮，"七七"事变和"八一三"事变的呼声，终于逼使他们不得不同意进行谈判。

高歌上前线

1937年9月，我们收到国民党江西省光泽县县长高楚衡的一封信，信中表示，他受国民党江西省政府主席熊式辉的委托，要求与我们谈判。随信还寄来朱德、彭德怀同志就任八路军正、副司令的《通电》和范长江写的《西北纪行》。

在省委会议上，黄道同志指出：现在日本帝国主义已经打进我们多灾多难的祖国，中华民族正面临生死存亡的紧要关头，全国人民一致要求抗日，在这种情况下，我们共产党人应当站在群众的前头，积极领导人民投入到抗日的民族解放战争中去。省委决定，同意举行谈判，确定大洲为谈判地点，指定黄知真、邱子明为我方谈判代表，并为谈判制定了明确的方针。与此同时，黄道、曾镜冰同志还写信给南京八路军办事处叶剑英同志，请求中央指示。

9月下旬，我和邱子明同志同国民党江西省第七保安副司令周中诚、光泽县县长高楚衡在光泽大洲村进行了为时一周的谈判，在谈判中，我们坚持省委确定的方针，挫败了他们企图将闽北红军改编为江西省保安团的阴谋，争取接受我们的条件：一、停止内战，一致抗日；二、释放政治犯；三、划出江西省铅山县为我军集结、驻防地点，负责集结期间的我军粮秣、军需供应，保证我派出一名负责同志向党中央请示工作的途中安全。我方同意：一、停止打土豪、分田地；二、停止建立苏维埃政权；三、闽北红军改编为"赣闽边区抗日义勇军"，其他一切听候我党中央指示。最后双方达成了协议，由黄道、曾镜冰同志亲自下山拍了板。周、高去了以后，来信转告我们，谈判结果已经得到国民党江西省政府主席熊式辉的认可，并指定吴仰山负责铅山防务的交接事宜。

大洲谈判以后，省委派曾昭铭同志去中央汇报。途经南昌，见到陈毅同志，得到了具体指示。黄道同志也收到了叶剑英同志的复电。至此，我们终于恢复了同党中央隔绝3年之久的联系。

省委从大洲出发，翻越黄岗山，在洋庄以北通过封锁线，回到长涧源。在长涧源住了1个多月，同各个地区和部队联系，传达中央指示和省委的决定。10月，黄道、曾镜冰同志在温林关下的和尚坪与国民党联络官吴仰山见了面，确定铅山县石塘镇为我军集结驻防地点，并细谈交接和军需供应事宜。

石塘镇，位于铅山南部，南靠风景秀丽的武夷山，北有纵横10多里的小平原，是闽赣两省的交通要道，又是著名的连史纸的产地。镇上商店鳞次栉比，街道相当整齐。武夷山的清澈流水，分成条条渠道，穿过镇内大小街道，有的居民家里掀开地板就可以取水，所以素有"小苏州"的美称。20世纪30年代初期，这里曾经是闽北苏区上铅县政府的所在地。第五次反"围剿"开始，被国民党占领，建成一个重要据点，四周碉堡林立。

　　黄道、曾镜冰同志与国民党江西省政府交接代表吴仰山见面以后，我奉命先到石塘。当我第一批部队进入石塘时，吴仰山陪着我们，一个碉堡一个碉堡地进行交接。交接完毕，他们离开石塘镇。随后我各纵队陆续到石塘镇集中，省委负责同志和省委机关也进驻石塘。一些战斗中负伤、失散的同志，从监狱中营救出来的同志，由上海、无锡等地投身革命的热血青年，也纷纷来到石塘。3年艰苦卓绝的济南战争终于取得了胜利，武夷山上鲜艳的红旗继续迎风招展。为纪念这一光辉业绩，省委给每位参加3年游击战争全过程的同志颁发"闽赣边区坚持斗争纪念章"。当时发了170枚，应得到纪念章的可能不只这个数，但是也不会太多。这是一个什么数字？我手捧着光荣的纪念章，想起牺牲的革命先烈，心情久久不能平静。

　　1938年1月，黄道同志到南昌，向项英、陈毅同志汇报工作，听取和讨论了党中央关于成立东南分局和南方红军游击队改编为新四军的指示。闽北红军改编为新四军第三支队第五团，饶守坤同志任团长，曾昭铭同志任政治委员，桂蓬洲同志任参谋长，刘文学同志任政治处主任。黄道同志调任东南分局委员兼宣传部部长，统战部部长和新四军南昌办事处主任。同时撤销闽赣省委，成立闽浙赣特委，曾镜冰同志任书记。

　　"红军回来啦！"老区人民欢欣鼓舞，青年们纷纷要求参加新四军。母送子、妻送郎的动人场面又重新出现，到处热气腾腾，人人意气风发。1938年初，五团已发展到1400人左右，编成3个营，每连配备一挺机枪。这样的装备，现在看来是少得可怜，在当年却是相当可观的。营、连干部都很强，除原来在闽北坚持斗争的陈仁洪、王荣森、马长炎、谢锐等同志外，还有从中央调来的阙中一等同志。尽管如此，整编工作，特别是整编中的思想政治工作，依然很繁重。许多同志虽然听过传达，经过学习，认识有了提高，但是一旦要取下缀有五星的八角帽，换上嵌有国民党帽徽的军帽，感情上硬是接受不了。我们同国民党军队整整打了10年，多少同志流血牺牲，多少家庭妻离子散，多少房屋化为灰烬，多少村庄满目疮痍。每个同志的心，都深深地被刻着痛苦的伤痕。

黄道同志亲自领导干部、战士学习中央文件，给同志们上课，找同志们谈话。他语重心长地说："我们是红军战士，是为人民谋幸福的队伍，实现共产主义是我们的最终目标。现在日本强盗侵入我们的国土，中华民族面临生死存亡的关头，停止内战，一致抗日是全中国人民的共同要求。打败日本侵略者，挽救民族危亡，争取民族独立，是我们的历史任务。没有中华民族的独立解放，就不可能在中国实现社会主义和共产主义。我们不但要积极投入抗日民族解放战争，而且要站在第一线，成为抗日的中坚力量。"经过耐心细致地教育，同志们才含着泪水，脱下旧军帽，珍藏在身边，换上新发下的军帽，有的同志将帽徽涂成红色。

曾镜冰、王助、汪林兴、左丰美、徐莲娇、孙克骥、王文波、周觉华等同志留在闽北，组建特委。各县都配备了坚强的领导班子，组编留下坚持斗争的武装部队，部署了特委的工作。

1938年春节过后，曾镜冰同志率领闽浙赣特委的同志们，告别黄道同志，返回长涧源。

送别了曾镜冰同志，黄道同志和五团，经河口到横峰，在横峰举行了"欢送新四军五团开赴抗日前线大会"。他在会上讲了话，希望五团全体指战员在饶守坤、曾昭铭同志的领导下，发扬革命传统，服从军部和支队的指挥，与各兄弟部队互相学习，团结一致，在抗日前线建立新的功勋。会后，黄道同志满怀深情地注视着五团同志们一个一个地从面前走过，一直到部队走完才回到住处。

纵观闽北的三年游击战争，经历了无数的艰难困苦，特别是克服了与党中央失去联系后的种种困难，红旗始终不倒，战火越烧越旺，最后取得了胜利。实践证明省委是一个坚强的领导班子，能够实事求是地分析形势，总结经验，做出决策，制定适合游击战争需要的各项政策，在各个重要的历史转折关头，能够发挥党的核心作用，保持党的团结，军队的团结，军民的团结。

闽北三年游击战争的胜利，是党的马克思列宁主义路线的胜利，是闽北全体党员、各级干部、广大红军指战员和人民群众共同努力的结果。黄道同志作为闽北党组织的主要负责人，也为这个光辉的胜利做出了自己的贡献。

1939年陈毅同志在《悼念黄道同志》一文中指出："1935年春，方志敏同志殉难以后，一面是赣东北革命根据地转为游击区，一面是抗日先遣队转为游击部队，东南半壁的领导责任完全落在黄道同志一个人身上。在三年游击战争环境中，黄道同志尽了他毕生的绝大努力，也发挥了无比的革命天才。浙东南、赣东北、闽北三大地区的党务、军事、政治、民运诸工作，都在闽赣省委领导之下进行的，黄道同志恰恰是省委的领导重心。在与我党中央三年隔绝的情况下，在进攻者的长年的包剿下，黄道同志能独立支撑，顽强坚持，终于完成了保持革命阵地，保持革命组织的光荣任务，所以能够以一支强有力的部队编入新四军来适应抗日战争之爆发，这是黄道同志对革命，对民族的绝大贡献。"

［原载《南方三年游击战争》（闽北册），解放军出版社出版。］

童惠贞回忆黄道在闽北

黄道同志是方志敏的亲密战友，闽北革命根据地的主要领导者。从1931年7月他奉命到闽北担任中共闽北分区委书记、闽北军分区总政委，一直到1938年初调任中共中央东南分局宣传部部长、新四军驻南昌办事处主任止，领导闽北的革命斗争达七八年之久。在此期间，闽北苏区蓬勃发展，完成了打通中央苏区的光荣历史任务；五次反"围剿"失败后，主力红军长征，黄道同志又领导闽北党和红军游击队胜利坚持了艰苦卓绝的三年游击战争。黄道同志的历史功绩是不朽的。半个世纪后的今天，闽北人民仍十分怀念自己的领袖，时时谈起他作为真正共产党人的革命精神和崇高品格。这里记下的，只是我亲身经历的几件小事……

体育大会

1932年初，闽北红军和地方武装粉碎了敌人连续几次反革命军事"围剿"，进入稳定发展时期。中共闽北分区委和黄道同志总结了历次反"围剿"的经验教训，指示大力开展群众性军事训练，加强红军和地方武装建设，使群众性的军事体育训练运动在苏区很快掀起。

当时我在崇安县长涧源乡任团支部书记、赤少队队长。这天，我接到县军委通知。通知说，5月1日在崇安召开全区体育大会，指定我们赤少队参加比赛。这可把我吓蒙了。讲训练，我们还抓得很紧，清早、中午、傍晚，一天三次，天天训练，参加比赛却还是第一次。怎么办？我找同伴们商量，大家见意，还是到区上反映一下，最好换其他队去。

区委书记听完我慌乱的诉说，扑哧一笑：

"怎么？打仗、守口都不怕，倒怕自己人？比赛是为了促进训练。黄道同志讲得很清楚，反复交代，要多动员一些队参加呢。"

"说真话，怕赛不好，出丑。"

"要去比赛，还要赛好。"

这一天，比赛日子来临了。各县、区、乡赤少队群英云集，崇安大操场上人山人海，红旗飘扬。

大会开始。首先是分区委组织部部长肖韶讲话，接着从台下走上一位身材魁伟、穿着黑色列宁装、头戴八角帽的同志。他擎着大话筒，用洪亮的声音发表演说。他从国际国内形势讲到各个苏区的胜利，讲到闽北苏区面临的任务。最后，他说：

"中央交代我们，要建设巩固的闽北苏区，要尽快打通赣东北、闽北、中央苏区。我们每个同志都要勇敢地担负起这个重任。体育比赛，在我们苏区是第一次。参加比赛的同志感到紧张，怕赛不好。这不要紧。只要大家想到，我们练好本领是为打白军，保卫我们的土地革命成果，保卫我们的苏维埃，我相信，同志们一定能赛出好成绩。回去以后，更好的训练，更多地消灭反动派！"

听了这位领导同志的话，我悬在心上的石头落了地。是啊！为了打白军，还有什么好顾虑的呢。我愣了一会，才和大家一起使劲鼓起掌来。一打听，才知道他就闽北分区委书记黄道同志。

比赛开始了。这次比赛，分为体育和军体两大项目。体育方面的有跑步、跳高、跳远、举重、武术等，军体方面的有操练、射击、投弹、对刺等项目。我鼓励同伴们不要紧张，要拿出打白军的劲头和勇气参加比赛。结果还不错，我们获得了好几面绣有飞机的锦旗。（这是获得第一名的标志，第二、三名的锦旗绣的是火车和轮船）

黄道同志亲自参加了发奖仪式。当介绍到我们时，黄道同志伸出手来，笑着说："你们就是长涧源队的，你们操练得很好。去年方志敏同志率红十军来闽北，攻下长涧源，就是你们配合的吧！"

"是。"

"听说你们赛前还打退堂鼓？"黄道同志说着，发出爽朗的笑声。

我顿时面红耳赤，很不好意思，嗫嗫地说："黄道同志，我们回去一定好好练。"

"好！回去把大家都发动起来，多练一些项目。大家身体练得棒棒的，又都会打仗，就不怕白军进攻！"

这是我第一次见到黄道同志。

插 秧

在反"围剿"的隆隆炮声中，迎来了闽北苏区第五个春天。这春天的脚步并不因战争频繁而放慢她的脚步，大安岭上群峰尽绿，路旁溪边，垂柳依依，还有那漫山遍野的红杜鹃，一簇簇的，像一团团燃烧的火焰。布谷鸟在声声啼唤，告诉人们：春耕季节到了。

闽北苏区的农业生产，历来搞得比较好。每年春耕秋收，分区委、分区苏就做指示、发通知，强调千方百计不失季节，抓紧生产。各级政府工作人员也经常到生产第一线，检查督促，参加劳动。这年一月在瑞金召开的第二次全国苏维埃代表大会上，毛泽东同志就表扬了闽浙赣苏区的生产。一开春，各级政府又号召抓紧春耕，把秧尽快插下去。

1933年底，我被选送参加中共闽北分区委党校学习，结业后调任大安团委书记。因为工作关系，和黄道同志见面机会多，也更熟悉了。

1934年4月的一天，我带领十几名共青团员，唱着"共产青年团，发起礼拜六，帮助红军家属多做半天工……"来到大安南面山垅，任务是把红军家属的秧插好。我们才到田边，就看见远处开来一支队伍。稍近一看，哦！走在前头的大高个子正是黄道同志。还有团分区委书记曾镜冰、省苏代表曾昭铭等同志都来了。

"童娇妹！你们来得早啊！"一副农民打扮的黄道同志老远就打招呼。看他头戴草笠，身穿粗布衣，倒真像地道的闽北山区农民呢！

"黄道同志，您工作忙，这事我们干吧！"我们几个共青团员恳求道。

黄道同志笑起来，"怎么？我不够格！插秧，我还是干过的呢。"说着捋起袖子，扎好裤管，踩下田来。其他同志也都下了田。田里一片欢声笑语。

"黄道同志，你们读书人，写文章，做报告，这农活，叫我们干就行罗！"

"你的看法不对啊！大米谁都要吃，种田的事就不能干？"

"您还有更重要的工作呢！"

"打破白军的'围剿'和抓紧春耕，战争和生产哪一件都松不得。你们共青团，不光要扩红支前，还要把生产搞好，帮助红军家属种好田，这样红军战士消灭白军更有劲。你说对吗？"

"是。"

"这就对了。"黄道同志亲切地望着我说，说完又抓起一把秧，认真插起来。看他那神态，真把全副心思都用在插秧上了。

一会儿，分区委通讯员骑着快马来到田边，向黄道同志报告紧急情况。

黄道同志听了通讯员的报告，忙笑着对大家说："同志们，我得先请个假，以后再补上罢！"

大家笑起来："黄道同志，你还是快走吧，你的那一份，我们帮你完成好啦！"

黄道同志一边走，一边摆摆手说："帮？帮可帮不了呀！"

这一天，我们提前完成了任务。

撤退前夕

第五次反"围剿"失败了，王明"左"倾冒险主义断送了南方各革命根据地的大好形势。1934年10月，中央红军被迫退出根据地，进行长征，闽浙赣的红军主力也组成抗日先遣队挺进皖南，敌人将重兵压向闽北苏区。在苏区首府大安南面的咽喉四渡桥，守备部队在抗击张銮基独立45旅长达半年之久，杀伤大量敌人后被迫撤退；北面之敌，也已压到江西铅山的紫溪，离大安仅数十里之遥。奉命留下掩护主力红军行动的闽北党和红军，到了生死存亡的重要关头。

是及时转入游击战争，还是坚持"以红色堡垒对白色堡垒""与苏区共存亡"，这是摆在闽北党和红军面前的两条道路，以军分区司令员李德胜为首的少数人，坚持后者。他提出集中全部红军，在小浆与敌人决一死战。黄道同志坚决驳斥了他的错误观点，告诉同志们，准备放弃大安，到崇山峻岭中去与敌人长期周旋。

我们谁不担忧闽北苏区的前途啊。一想到就要离开大安，心里就有一股说不出的滋味。那时，我们常常看到黄道同志屋里的灯光彻夜不熄，常常听到分区委的同志进行激烈的争论。

1935年1月下旬的一天，凛冽的寒风呼叫着吹过山谷，我们整队集中在大操场上，准备告别大安。

一会儿，分区委、军分区的领导同志都来到操场。黄道同志迈着坚定的步子，走到队伍面前，炯炯有神的目光望着大家，用低沉而充满自信的语调说：

"同志们！我们就要离开大安了。今后的斗争会很艰苦，我们要有准备，要有信心，革命一定会胜利。今天，我们暂时退出大安，是为了明天打回大安，打到福州、南京去的！可是现在，我们也不要让敌人捡便宜。兵工厂赶制了一批地雷，加上我们原有的，都作为送给敌人的'见面礼'吧！"

第二天，一部分机关先撤离了，我们将无法带走的文件、报刊和书籍全部烧掉，粮食和其他物品都设法转移，将大安变作一座空镇。然后，分头埋地雷，准备给敌人的"见面礼"。

我奉命带领几十个赤少队员，到范畬兵工厂挑来几百个地雷，在洋庄通往大安的道路上布雷。黄道同志亲自检查布雷工作来了，无论在什么情况下，他总是那样的镇定：

"童娇妹同志，地雷够吗？"

"够啦，管教张銮基吃个饱的。"我回答。

"好！不仅要埋得多，还要埋得巧，看你们赤少队员的啦。"

"是。"

"要注意安全。"黄道同志又叮嘱了一句。

"放心吧，黄道同志。"

我们赤少队员个个都是埋地雷的好手。大路上，小溪边、水井旁、房门、厨房、锅灶膛，甚至茅坑厕所里都埋上大大小小的地雷、石雷，在这空无一人的小镇上，它们静静地恭候敌人的光临。

第二天，我们走在大安对面的高山上，忽然听到身后传来一阵阵爆炸声，我们回头望见大安上空升起浓烟，心中不觉高兴起来，大家叽叽喳喳着，猜想着敌人的丑态。

山羊肉

从这时起，我们转入了3年游击战争。

游击战争的环境十分恶劣，生活非常艰苦。国民党反动派为了"剿灭"闽北党和红军，调遣10万大军，日夜"搜剿"，到处修碉堡、筑工事，还强迫"移民并村"，实行"保甲制""连坐法"，企图割断群众同红军的联系，困死、饿死我们。我们被围困在高山上，住草棚、山洞，有时就在大树下打盹。最感困难的是粮食越来越少。特务队同志好不容易寻些吃的来，也很难填饱大家的肚子。吃野菜、嚼草根、啃生笋是常有的事。这些东西吃下去，肚子还是咕咕叫，特别是吃笋，肚里"刮"得厉害。不久，大家都消瘦下去，几个体弱的早就病倒了。

黄道同志和大家一样忍受这非人的生活。我常常看见他和大家一道，捧着半碗苦涩的野菜，边吃边笑着说："将来革命胜利了，这些东西可就吃不到了，现在多吃点。"有时还给大家讲故事，引得同志们哈哈大笑，在笑声中，又苦又涩的野菜也变得好吃了。

春汛来了。一连十几天大雨不断，寒风一阵紧似一阵，山洪也爆发了。这天晚上，我们蹲在又冷又湿、滴水不断的崖洞里，饥寒交迫，好不容易挨到天明。只听得外头有人喊："大家起来呀，有好吃的啦！"

我忙钻出草棚一看，呀。一只浑身湿漉漉的灰色的大山羊，被拖来放在草坡上！老吴和小李像从水里捞上来一样，全身上下淌着水，老吴一边喘着粗气，一边兴奋地说："该我们有福气。昨晚巡逻，就听到有山羊叫唤。刚才我们过桥，朝下一看，哟，一只大山羊！就是这家伙，被夹在桥墩中间。我们费好大劲才把它拖上来。"

寻到一只大山羊，真是意外的收获。大家都忘了饥饿和寒冷，七手八脚，不一会工夫就杀好了。一大堆肉，还有一颗碗口大的山羊心脏。不知谁提议，黄道同志最辛苦，用脑多，这颗山羊心脏给他补身子。大家一致同意，还提议给他多留些肉。黄道同志的警卫员高兴地拍着手说："这下可好了，黄道同志1个多月没见过肉星了呢！"

我们正在热烈的商议着。我忽然觉得身后有人，抬头一看，黄道同志笑眯眯地站在身后。"怎么？大水给我们送这么一只大山羊。敌人搞了那么多的封锁，怎么就忘了封锁老天爷？"黄道同志说得大家都笑起来。

"黄道同志，这颗山羊心给您补养身体，肉，也为您多留些。这是大家的决议。"

"决议？拿'决议'压我，那可不行！谁提出决议的谁该受批评。山羊肉、心，大家一起吃！"

小王站起来，恳求说："黄道同志，您为同志们操劳，最辛苦，还是给您拿去吧！"

"论辛苦，你们最辛苦，站岗放哨，搞粮食。论功劳，你和小李是第一位，我可不敢抢占啊！"

刚才大家吵吵嚷嚷的，现在可不敢吭声啦，黄道同志的警卫员吐了吐舌头，躲到别人身后去了。谁都短简，在生活上，黄道同志是不准别人给他一点特殊的。

看到大家窘迫的样子，黄道同志笑了。"好，这颗山羊心交给我处理。"

这天中午，我们每个人都吃到炊事班烧的喷香喷香的山羊肉，上面还压了几片又香又脆的炒山头羊心片。

课　　堂

　　谁能想到，这样艰苦的斗争环境，竟成了我们学习政治、学习文化的好场所呢！

　　早在苏维埃时期，黄道同志就非常关心文化教育。他来闽北后，很快就办起列宁小学、工农夜校、俱乐部。为了解决师资问题，还在苏区首府大安办了一所列宁师范学校。那时我们白天守口、劳动，晚上就围坐在油灯下，学习黄道同志亲自编写的文化课本。最有意思的还是每个村庄都有"识字站"。

　　每天清晨，就有儿童举着识字牌，站在村头路口，过往行人，不分老幼都要念了才放行；不会的，学会了才放行。就是在这样的环境中，我这个从小没念过书的穷女娃子学会了认字。

　　现在，我们又在黄道同志领导下继续学习了。

　　每天，只要没有敌情，我们就聚集在大树下，围坐在黄道同志身边，听他讲哲学、政治经济学，讲中国历史、十月革命，讲他和方志敏、邵式平等领导弋横起义，创建赣东北革命根据地的故事。当时，方志敏同志被捕、牺牲的消息已经传到闽北，黄道同志常常深情地对我们说起方志敏同志的业绩，缅怀这位老战友，大家以方志敏烈士为榜样，坚持斗争。他常常对我们说："别看我们今天被围困在这大山里，总有一天我们会打败帝国主义和国民党反动派，建设新国家。到那时，革命任务更重了，没有文化不行。"为了帮助大家写好字，他编了一本字帖，供我们临摹。

　　我们编成几个学习小组，学习讨论黄道同志的讲课内容。遇到疑难问题，大家常争辩得面红耳赤。有时争辩不下，找黄道同志，他总是耐心地讲解，用通俗的比喻把深奥的道理讲清楚。那时我们常常用毛边纸裁成小本本，带在身边画画，随时学习。遇到纸笔短缺，大家就用小树枝在地上写写画画。当我学会百把字，负责学习的黄知真同志就要求我学习写文件、写信。记得一次我把费了好大劲写成的信送到黄道手里时，他慈祥地笑着说："多写，就会进步！"

黄道同志不仅严格要求我们，他自己也为我们树立了刻苦学习、勤于思考的好榜样。游击战争的环境那么艰苦，他始终保持着旺盛的革命热情，用革命乐观主义感染大家教育大家。他善于从实际出发，用革命理论指导行动。转入游击战争后，他和黄立贵等同志认真总结苏区成功的经验与失败的教训，及时地摆脱王明"左"倾冒险主义的影响，制定出合乎斗争实际的政策，使闽北党和红军逐步摆脱困境，重新走上胜利发展的道路。

黄道同志舍得去掉一切，只有"马列"的书，党的重要文件随时带在身边。遇到情况紧急，他就交代警卫员把文件藏好。环境稍好，又派人取回。同志们外出执行任务，他常常交代他们尽可能地搜集书籍和敌伪报刊，以此判断全国形势，决定斗争策略。早在1937年1月，黄道同志在一张包盐的报纸上看到西安事变的报道，就正确地估计到形势的发展变化，2月7日就做出《关于开展反帝抗日斗争的决议》，为闽北人民指明了方向。

黄道同志不仅有广博的社会政治知识，还有精深的文学素养。他喜欢编写歌曲，填词作诗。我现在还记得他当年写的《新满江红》：

"中华民族，到今朝，万分危急。向北望，满蒙华北，已非畴昔……义愤填胸，谁愿作，亡国奴隶，誓拼我，热血头颅，一雪此耻……"

经过全党全国人民的努力，抗战终于实现了。1938年

1 月，坚持 3 年游击战争的闽北红军集中于江西铅山石塘，整编为新四军 3 支队五团，走上抗日前线。黄道同志也调任新四军驻南昌办事处主任。

临别之前，黄道同志从挎包里掏出一本他亲笔抄写的诗歌集赠送给我，勉励我努力学习，好好工作。从那以后，我再没见到黄道同志。

第二年，黄道同志不幸被国民党特务暗害的噩耗传来，苏区群众无不咬牙切齿，悲愤异常。人们含着热泪，把他的忠骨迎到闽北，安葬在长涧源北村，让人们景仰。

闽北人民继承黄道同志的遗志，坚持几十年斗争，迎来了全国的解放。并以自己的勤劳勇敢和智慧，建设着社会主义的新闽北。

［原载《南方三年游击战争》（闽北册），解放军出版社出版。］

曾镜冰回忆闽北三年游击战争（节选）

　　我是 1933 年底到光泽，1934 年 1 月到闽北崇安的。闽北崇安这边叫分区委，原属于闽浙赣省委，后来黎川、资溪、贵溪、建宁、泰宁、光泽等地区为红军解放后，与闽北苏区一块组成闽赣省。到敌人第五次"围剿"之后，红军向建宁这边撤退（原省委在黎川），成立了抚东分区，司令员郭如岳，政治委员黄道，当时省委叫代表团，黄道同志当代表团书记，还有曾昭铭、吴华友和我等组成。我当时是团的宣传部部长。团省委书记是刘邦华（后叛变）。代表团主要在光泽、资溪、黎川、贵溪等地活动，当时任务是：坚持两三个月等待主力红军的反攻。以后主力红军撤退之后，敌人在那里力量较大，当时那里因未经过地下工作，红军占领后虽分过田，但没有充分的发动群众，所以敌人进攻下，没有群众的依靠，同群众关系未搞好，坚持游击战争感到困难。黄道同志原是闽北分区委书记，后调闽赣省委宣传部部长，对闽北情况是熟悉的，所以他打了电报请示中央，意思是：背靠闽北（邵、光），在闽北坚持活动。中央以后回电同意我们这个意思，在那一带不好活动就不勉强。同时要我们抚东分区和闽北分区合并。

　　闽北 1935 年 1 月才转入游击战争，在我看来大体有 3 个时期。第一个时期，敌人刚刚进攻，我们转入游击战争，分区司令员李德胜叛变，即 1935 年上半年这一段，情况比较紊乱，是最困难的一个时期。第二个时期，部队巩固以后，崇安这一带地区感到困难的是，队伍多、地区少、粮食给养等有困难。当时是刘英、粟裕同志带部队挺进到浙江活动，派人回来说明浙江情况很好，可开辟一个新的地区，群众搞起来了，敌人力理分散了。再一点，我们转到游击战争前后，1935年1月（或1934年底），中央有过一个指示：要闽北队伍注意和闽东叶飞同志的游击队取得联系，并且告诉我们，他们当时活动地区在寿宁、福安一带。因这样的一个情况，就决定把部分力量留在闽北，坚持闽北地区工作；一部分力量挺到松溪、政和、建瓯、屏南、古田一带活动，和叶飞同志取得联系，同时也和浙江刘英、粟裕同志取得联系。叶飞同志那时和浙江的刘英、粟裕同志也联系上了。原来闽北这边由于外面地区加强，敌人力量分散，所以老地区情况也比较好（崇安、建阳、邵武、直到贵溪，刘文学在贵溪坚持斗争情况也较好）。1936年情况是比较好的，叶飞同志建议党需要统一，因敌人组织闽浙赣剿匪指挥部统一对付我们的，所以我们几个单位也需要统一。因此黄道同志从崇安到建瓯、政和这边来，搭了闽赣省委架子，以后又分散（浙江未找到，未加入进来），闽北成立省委，黄道同志当书记，闽东成立特委，搞一个军分区。闽东原是一个特委，这边由叶飞同志代表省委领导工作，黄道同志回崇安、建阳一带，闽北特委由汪林兴负责，闽北部分（邵、建、泰）准备开辟新地区，由黄立贵同志负责，抚东江西方面由吴先喜同志负责，闽东北由王助同志任特委书记兼军分区政委，饶守坤当司令员。第三个时期到1937年春季或夏季（具体日子记不清）。敌人在北方和中央红军谈判，乘这个机会加紧对我们南方的红军"围剿"，从1937年的三四月一直搞到日本进攻。这个时期，我们损失是比较大的，吴先喜、黄立贵同志牺牲，原来队伍2000多人，到整编时老的队伍只剩下300多人，后来编入新四军时有到1000多人，多是新兵，以后扩大的。

总的讲三年游击战争是有成绩的。中央在抗战时做的总结指示中，对能够坚持斗争好像有三条：一是群众联系得好，二是打得好，三是政策好（但这一点记不大清楚了）。可以说三年游击战争中，在黄道同志领导下是好的。

在新地区活动当中，从现在来检查，虽然也打土豪分田地（不能分田地也分东西给群众），但主要着重于军事活动，想把地区搞大，分散敌人。因此到处活动，从这方面想的较多；对真正发动群众创造一个巩固的根据地这一点，还没有这样的思想。因此这样队伍受到一些损失，虽然地区扩大了，但队伍有损失。我们集中打了镇公所，搞了一些地方武装，也有些损失。有一次在建瓯的玉山，给敌人包围一次，差一点被敌人消灭了，后冲出包围，损失了二三十人。还有一次在屏南的上楼村，被敌人包围到房子里，打了一天一夜，晚上才冲出来，损失几十人。

这一段主要着重军事活动，分散敌人力量，没注意到深入地发动群众，所以几次遭受损失。这责任主要应由我负，因为我跟他们一起在这一带活动。

也正因为这样，在第三个时期，敌人集中兵力"围剿"我们。当时，我们也还没认识到前一段的错误，总感到军事上扩大，活动范围扩大，分散了敌人兵力，就行了，却没有注意发动群众。若要想搞好一个地区，把群众发动起来，依靠群众力量，采取波浪式的推动。以上是对三年游击战争的认识。

再补充说一下：当敌人占领大安街，我军转入游击战争时，我们曾发电报请示中央，得到中央回电指示（在遵义会议以前）：在原地坚持游击战争，等待（或是争取）主力红军总反攻胜利。后来因电台丢失，就与中央失去了联系。

就游击战争政策上来讲，因敌人力量强大，摧残群众，实行移民并村。开始我们对付敌人的政策叫作"坚壁清野"，敌人来犯，我们人都跑光，把东西都藏起来，敌人就采取搜山，把东西搜出来，人搜出来，集中在一个地方。凡敌人没有驻兵的地方，老百姓就不许住。在那样的情况下，领导感到有些困难，我们不让群众并村，敌人一定要群众并村。同时我们对群众也发动不够，有些群众脱离了我们，真正投降了敌人，敌人把这些人组织起来，建立一个"壮丁队"，让他们一起来打我们。因此黄道同志感觉政策需要改变一下，即提出：实在没有办法的，只得采取"红心白皮"政策，表面上应付敌人，实际上坚持斗争。从当时看这个办法，还是有必要，有了这样一个办法以后，群众更靠拢了我们。闽北的大刀会是国民党组织起来向我们进攻的社团，后来出现建瓯林乃道一股大刀会，是以抗丁抗税做号召的。当时，黄道同志认为抗丁抗税还是代表农民意见的，应该加紧联合。所以我们部队与林乃道大刀会联合起来，与国民党打了几仗。这样看起来，是有了一些效果的。现在我自我检查一下，当时这样做是好的，但在执行当中，阶级路线是不明确的，即刚才所讲的对发动群众影响和对地主和反动分子斗争不够。这样开始时政治委员卢文卿同志（后来在闽东牺牲）讲：大刀会要我们"吃符"，我们就"吃符"。这有些"右倾"，没有明确的阶级路线。到新区行动的时期，对地主采取筹款的办法，现在看来是错的，没有明确的阶级路线。当时的总体方针为打土豪，将从地主方没收的东西发给群众。但在具体施行过程中，当某些地主自动地将钱送给我们时，我们就会少没收或不没收其东西。我们即使拿到地主的罚款也没有分发给群众。现在看，这在阶级路线上是不明确的，是错误的，联合群众，不容易发动群众。

在游击战争发展的方针上，当时反对保守，搞大发展。

开始根据中央指示方针在原地坚持游击战争，争取红军反攻；后来一段，因得到挺进师消息后，感到新区好发展，同闽东叶飞同志取得联系，分出一部分力量向松溪、政和、建瓯、屏南、古田一带发展。我们觉得还是对的。但有过分，不是按毛主席所讲的"波浪式的推进"，没有后方，没有注意建立巩固根据地。正因为没有取得巩固的地方，是遭受一些损失，部队多数是在打新地区行动中损失的。因此，当时的游击战争方针，在扩大地区反对保守有它对的一方面。现在看，也有一些冒进，从政策上来看，有些"右"，从发展上来看，是有些过"左"，总的说是有些"右"。这样大搞是不相信群众，是巩固根据地信心不高，实质上是"右"的。

再补充说一下，在肃反政策上也有点错误。三年游击战争前闽北肃反是有教训的。到李德胜司令员叛变以后，有怀疑，有点惊慌。所以那时又搞错了一些人，因怕动摇叛变，看到有些人有动摇的就有怀疑。当时动摇叛变的人确是不少，但是否反革命组织，却没有什么证据。那时谁也不知道李德胜会叛变。李德胜叛变的经过是这样的：在敌人进攻以后，一点也没有感到李德胜有问题（他原是红军三军团师长），但以后看起来，他叛变是很有计划的。我与黄立贵同志带部队走，李德胜当时要部队向江西行动。他头天晚上交代任务，早上部队出发，一过了江西关，敌人就重重堵住，他在下午佯装到外面侦察敌情，并带上一个警卫员，与警卫员说大便去就溜走了。第二天早上，他就带来敌人包围机关，无线电台丢失，敌人又到处搜山，围剿我们。李德胜还带敌人包围了我们的伤兵医院，亲自把伤兵用火烧死。这样一来，我们就发觉内部有问题，对肃反问题又不慎重，发现叛变威胁很大，有些人就害怕了。据我现在看法，处理了一些人大概是在斗争有动摇的。逃跑叛变的不只李德胜一人，以后，还有原政治部主任、后一团团长、参谋长张燕珍也叛变了。在那时已成混乱局面，大大小小逃跑叛变者为数不少，大家有些慌。

这一段情况可找刘文学、饶守坤、马长炎、陈仁洪等同志了解，马长炎可能知道得更多一些，因他跟黄道同志一起，先当警卫排排长，后当教导队队长。

敌人未发动五次"围剿"前我们住在崇安，当时蒋介石集中主要兵力围攻十九路军，在十九路军被消灭后，又将兵力向我们压下来，我们退出崇安，在大安住了1年，敌人未进攻。那一段环境还是有利的，不过从现在看当时对如何应付敌人"围剿"事先准备不够。认为敌人不会有大的"围剿"，结果敌人向我方大"围剿"后而采用堡垒硬守，敌人占住四渡桥，我们则退守五渡桥，用碉堡丝炮来围困敌人，这样相持了1年时间。

在江西方面也是这样，我们县委住在紫溪镇，敌人则住在离紫溪镇十几里路外，各筑堡垒。我们使用丝炮不让敌人出来，也维持了1年。在1934年底或1935年1月，敌人增派独立45旅驻崇安，差不多全旅出动来打我们碉堡，而我们只用1排人坚守，打了10多天，敌人看攻不下来，弄炮来轰。这样就不行了，我们无法再守。中央在事先也有来指示说，万一不行的话（无法坚守崇安），可以用建瓯、松溪、政和地区作为机动地方。这时，李德胜动摇，不想打游击，主张硬守。在分区委会上黄道同志不同意李德胜意见，准备撤退。在退出大安前准备了一天一夜，在大安和隔河的操场以及各家房子内都埋了很多地雷。第二天晚上我们才退出来，首先退至道观厂，以后又退到虹溪。58团在张山头打埋伏，整整干了1天，但未打好。当时打埋伏有2个作用：一是掩护机关撤退，使敌人进来不会太猛；另是打击敌人，使其不会那样疯狂。当时58团政委陈一同志牺牲，在铅山方面我们也退出紫溪，在石垅打了一仗，我独立团与敌江西的一两个团又打了一天一夜，缴了敌人二三十条枪。此后退到紫溪岭做堡垒守在那里，又打了一下，看情况不行也不撤出。

后来将58团、独立团、军区警卫连、贵溪游击队、崇安独立营合编为独立师，下设3个团：原58团是第1团；独立团为2团；3团是以军区警卫连为基础，将58团和独立团一部小调整后建立起来的。师长是黄立贵同志，政治委员卢文卿。以后2团到崇安、浦城交界的十八村活动，1团、3团到江西方面行动。那时出去的目的一个是牵制敌人，另是筹款。在那边曾消灭敌人三个堡垒，缴了百把条枪，敌人的增援部队也被我们打垮，又回到崇安。黄立贵和吴先喜同志到顺昌、光泽一带行动，在竹邦寺或贵溪打了一个大仗，消灭敌人一个连，另外还有小的零星的消灭敌人。当时吴先喜很会打仗，曾缴了敌人二三百条枪。在顺昌仁寿鱼墩坝地方，我们队伍正在休息，敌人3个团压过来包围，而我们2个团实际上只有2个营的兵力。当时黄立贵同志很不错，立即带队伍冲出，把敌人打垮退到建阳，后在建阳五里口（又叫老鼠坎，靠黄坑附近）又碰到敌11师的3个团，在那里与敌人打了两天两夜，敌人伤亡有几百人，我们也伤亡了一部分，但未缴到什么枪。这时我们看到情况有点不太对，敌人太多不好办，而采取分路突出去的办法。由黄立贵带一路吴先喜带一路，还有祝为根团长带一路，结果祝为根带的一个团未能冲出敌人包围，一直在那里转，队伍几乎搞垮。只有黄立贵和吴先喜将队伍带回崇安，经整顿了一段时间，情况还好，没有什么大问题。以后又到上饶，在甘溪打了一仗，比较快速地消灭敌人一个连（敌人本来有一个营，我们用打埋伏办法消灭他一个连）。回到崇安又打了一次埋伏，敌人一个团或是一个营经过，我们在岚谷到山坳路上埋伏，但未搞好，打得太早，敌人跑了。以后部队准备转到建阳、松溪、政和去，在打甘溪时就准备转移，因未打好，而转到广丰筹款，搞了洋口镇后才转到建阳、松溪、政和。当时方针是开辟新地区搞工作。

现在从军事上来检查，在敌人未占领大安街以前，我们对游击战争准备不够，后来敌人占领大安又想消灭敌人，以粉碎敌人的"围剿"。开始时有这样准备，曾打了几次仗，现在看来还是有必要的。但在敌人多的情况下，一下粉碎了敌人的"围剿"，而到新的地方开辟新的地区，并同浙江方面和闽东叶飞同志联系，现在看也有此必要。在军事上的大体情况就是这样。

在我们退出大安街前对群众是做了一些准备工作，当时黄道同志感觉卫通敌人在交通线上修公路，敌人要占领大安是不可避免的，我们准备在两线活动，并在铅山布置一些秘密工作。那时斗争主要为发动妇女，因妇女容易活动。有一个女同志叫程彩金，是个团员，在国民党部队中搞兵运工作，后被发觉了，据说被敌人在脸上划了好几刀。另外在岚谷方面也有一些小的斗争，也是敌人并村群众闹饭吃。总的是在我们撤退时有好多群众为了掩护我们而牺牲了，有的替我们买米买菜也被敌人杀了不少，也有很多群众跟我们躲山。写党史时对群众的斗争和支持党的功劳应着力写一下。

对部队来说，黄立贵同志对整个闽北部队的发展、巩固是有很大帮助的，在闽北群众中有威信。我未打过仗但跟着他走，看到这个同志对党是无限忠诚的。军事指挥员一般来说是很容易骄傲的，但黄立贵同志没有。黄立贵同志打仗是勇敢的，有办法的，带游击队也非常熟练，在危急时也能应付。如在鱼墩坝队伍在睡觉时，敌人冲了进来，而黄立贵地同志带一些人马上发起冲锋把敌人堵住。李德胜叛变，队伍不得不去江西，没有他也是不行的，因敌人早就准备好袋子包围我们，最后是硬冲出来。在每次危险情况中都是由他扭转过来的。

关于国共合作谈判，开始根本不知道。在崇安看到广丰买东西包扎来的国民党报纸上登载有西安事变这回，也没有根据。1937年春天，我到闽东北建瓯这边，叶飞同志派人同我们联络，送来南委（南方工作委员会）有关中央统一战线的指示（名称记不清，"毛选"有登载）；到七八月间，由建瓯回到光泽，把这指示带给黄道同志，机关就讨论学习这个指示。研究认为我们这个地方也可提出与国民党合作谈判，因卢沟桥事变已发生，日本已进攻中国，国共双方再打下去对国家不利。到8月13日，就开始提出合作谈判的几个条件。我们向国民党提出的是三条：第一条，成立闽赣边区人民政府，以崇安和邵武（崇安已定，邵武是否定，记不清楚）县城成立边区人民政府；第二条，我们部队改编为人民抗日军独立旅；第三条，给人民言论、结社、武装的自由。我们答应国民党的是两条：第一条是停止打仗，不打国民党，一致抗日；第二条，停止打土豪分田地，实行减租减息。以上内容都是由全国国共合作谈判内容套过来的，基本上是中央的精神。

这里插上一个细节，原光泽县委书记蔡诗山被国民党抓去后又放回来。他一个人回来。我们对他有怀疑，他说话说不清楚，说是抗日。以后我们讨论了中央指示，他就说他如何放回来，是光泽伪县长要他来找我们下山一致抗日。既然一致抗日了，队伍就应该改编，我们就决定写一封信给江西国民党政府，内容是提出上述合作谈判的条件，通过蔡诗山送去。后来得到国民党回信同意谈判。当时我们还是提高警惕，黄道同志不出去，不与国民党代表见面，开始叫黄知真同志去谈判，后来我去，王文波同志同去，几个人去谈判。双方表示停止行动是可以的，对提出的几个条件，国民党代表不讲行，也不讲不行，要到省决定，只是说双方停止打仗。后来项英来到了南昌，黄道同志听说项英同志出来，就派曾昭铭同志去南昌找项英同志，从此我们就没有单独同国民党进行谈判。与国民党的谈判都交给项英同志那方面进行。因原来中央主力红军长征以后，留下中央分局，由项英同志负责，南方这些地方都由他领导，所以就交给他去搞。曾昭铭见到项英，其他问题均未谈到，只指出一条，即停止行动，部队集中准备改编为抗日义勇军。这样，我们就通知各个地方，陆续把部队集中起来，向崇安集中。中央指示南方游击队成立新四军。所以1937年底到1938年初，最主要工作是扩大队伍。因那时整个队伍只剩下300多人，在崇安、上饶、铅山大量搞扩大队伍后，就有1000多人。闽北编为新四军第3支队第5团，闽东编为第6团。到1938年2月，正式部队就开走了。

这一段，中央本来在西安事变后，要派人来通知我们，一致打日本。国民党那时候很可恶，不让中央派人来通知我们，且要集中力量来消灭我们南方的游击队，消灭了南方游击队再来抗日。到卢沟桥事变以后，国民党又要中央派人来找人们。另外，听说当时中央有这样一个指示："独立自主靠山扎。"闽北队伍在黄道同志领导下，执行这个指示是好的，没有出问题，部队没有受损失，没有吃亏，队伍都在山头上集中，外面只放一排人与国民党接接头。国民党大宣传说城市好，要我们出去，要我们去县城。其他地区因到城市去有受点损失，我们闽北没有损失。

我个人看法那时有一个问题未解决，不明确。即停止打土豪分田地政策改为减租减息政策，对已经分了的土地，地主要来收租，怎么处理这个问题，当时没有讨论。现在看，当时应该讨论这个问题。据魏金水同志说：闽西这方面搞得好，明确了已分得的土地不让地主拿回去，我们没有讨论让拿回去还是不让拿回去，只是集中讨论国共合作问题。

在未得到中央关于统一战线的指示（叶飞同志转来指示）前，曾派吴华友同志去香港找关系，是有过这回事。

部队集中开赴抗日前线，项英同志指示过：不留一根枪一个人，只叫搞好统一战线。黄道同志和我们都感到没有枪不好搞，我们就私自留下两个班的枪，一排人。以后国民党感到我们有枪，非调走不可。项英同志也说不行，把枪都拿出来，我们又搞了埋伏，把以前埋存得很久的烂枪二三十支，应付了这个差事。

［原载《南方三年游击战争》（闽北册），解放军出版社出版。］

吴华友回忆辗转千里送文件

　　1936年，艰苦的三年游击战争进入了第二个年头，闽北革命根据地军民在中共闽北分区委黄道等同志的领导下，红军主力从崇安老苏区突出外线，恢复和开辟了资（溪）光（泽）贵（溪）、邵（武）顺（昌）建（阳）和建（瓯）松（溪）政（和）三块游击根据地，在国民党统治相对薄弱的地区点燃了游击战火，扭转了被动状态，初步打开了闽北游击战争的新局面。

　　这时，我们与党中央的联系已中断1年多了。与我们毗邻的叶飞同志领导的闽东游击区和刘英、粟裕领导的浙西南游击区也都同党中央失去了联系，独立地坚持着。这3块游击区互相配合，直接威胁着蒋介石的反动统治，有其重要战略地位。对此，蒋介石如芒刺在背，任命张发奎为"闽赣浙皖边区剿匪总指挥部"总指挥地，率三路大军，对闽北、闽东、浙西南实行总"清剿"。在这种形势下，我们感到同兄弟游击区加强联系，密切配合非常必要。

　　1936年1月30日，闽北独立师师长黄立贵率部挺进闽东北，同叶飞率领的闽东红军游击队在政和县洞宫山禾坪村胜利会师，打通了两个游击根据地。4月，黄道、黄立贵、吴先喜、曾镜冰同叶飞等同志在政和洞宫山仰头村举行联席会议，决定成立中共闽赣省委，黄道任书记。当时我是广浦县委书记。会议决定我为省委委员，负责组织工作和工会工作。洞宫山会议后，为将游击战争的开展情况报告中央，并将中共闽赣省委组成名单报请中央批准，黄道同志考虑再三，决定由我突围出去，想方设法与党取得联系。

我原来是个海员，1925年省港大罢工时参加了革命斗争，在上海、香港都参加过革命活动；1932年转到中央苏区全总执行局，1933年4月闽赣省成立后，又被派到闽赣省工会联合会任筹备处主任。五次反"围剿"黎川失守，同黄道、曾镜冰、曾昭铭等一同到了闽北苏区。由于我活动地方多，同陈云、刘少奇、陈郁、刘达潮等工人运动领导人一道工作过，在外头关系多，因此，黄道认为，派我出去最合适。

但怎样突围出去呢？国民党在游击区外围设置了层层封锁线，主要交通要道都有重兵把守，山间僻路也都布满便衣队和反动大刀会，他们狂妄地吹嘘：飞鸟经过也要拔下几根羽毛，别说共产党想从闽北闯出去！闽赣省委经过多次研究，决定由第三纵队政委叶全兴出去想办法。

6月的一天，黄道同志找到我，交给我一个小布包。他用期待、信任的目光注视着我说：

"这个东西很宝贵，我们要靠它找到党中央，千万小心。"

"放心吧，黄道同志！人在文件在！"我向他保证。

黄道笑起来，幽默地说："文件？哪有什么文件？随身衣物！"他打开布包，露出一条白绸短裤。"这是黄华树用米汤花了两三天工夫才写成的。"

接受了任务，我把东西收拾好，把白短裤藏在包袱里。一切准备就绪，只等叶全兴的联系工作了。

7月底的一天，叶全兴兴冲冲地来了，他拉着我的肩膀说："老吴，有办法了！"

原来，叶全兴到了古田，找到了一个名叫卢灿光的，说好条件，由他送我到福州，并负责今后的通讯往来。由于我红军游击队在那一带经常往来活动，卢灿光不得不答应了。

8月1日，我告别了同志们，由叶全兴和他从第3纵队特务连中抽调的10名短枪队员护送踏上了艰难的旅程。临行前，黄道紧紧握着我的手说："相信你一定能完成党交给的任务。祝你成功！"

10名短枪队员，都十分精干，有丰富的战斗经验。短枪队的杨班长是当地人，地形十分熟悉。穿过一道道封锁线，绕过一个个碉堡，夜行晓宿，历尽艰辛，经松溪、政和、建瓯、屏南，行程300余里，终于从敌人眼皮底下钻了出来，悄悄地溜进古田，到卢灿光的家。

叶全兴对卢灿光介绍我说："这是老吴，对他的安全，你要绝对保证。"

卢灿光忙说："当然保证，没有问题。"

叶全兴把我安置好，就带10名短枪队员跟我告别回去了。第二天，我同卢灿光一起，登上闽江边的小船，沿江而下，来到福州。

一到福州，我们就躲进离江边不远的一家由古田人开的旅馆。我当时刚从游击区出来，尽管打扮了一番，装束还是不成样子，忙到理发店理了发，又叫卢灿光到外面给我做了2套西装，买了皮箱、皮鞋等。我把白短裤放进皮箱，把自己打扮成南洋客一样。为了不引起国民党特务注意，我马上离开小旅馆，搬到城区的一家大旅店住下。

福建和广东一样，是个侨区，有许多南洋客来来往往，因为我当过海员，扮成南洋客倒是挺像的，可以不引人注目，行动也自由些。

二

8月底，卢灿光设法为我买到了去上海的船票。我和他约好通讯联络方法后，同他告别，登船启程了。船出了闽江口，驶入了大海。我从1932年进入中央苏区以后，一直在山里活动，现在又回到大海的怀抱，心里说不出多么激动。看着茫茫大海，想着正在英勇战斗的闽北红军战士，像盼望北斗一样盼望着能同中央联系，得到中央的指示。我深深感到自己身上担了的沉重。

几天之后，船在上海码头靠岸。我还是一副南洋客打扮，住进了新亚酒店。

安排住宿后，穿过繁杂的街道、人群，我找到了武昌路新庆里二弄一家，这里曾是我们的海员俱乐部，住在这里的二房东何惜玉是个进步群众，过去我曾在这里住过。我注意观察了一番周围动静，就伸手叩了叩门。

"你找谁？"果然是何惜玉，她马上认出我来，"哎呀！是你，快进来吧！"

我一进去，她就把门关上。对于我这不速之客的到来，她非常意外。我们对坐了一会儿，谈了一番家常。她用疑虑的口吻问：

"你不是到中央苏区去了吗？现在从哪里来？"

我把这几年的经历略略讲了些，但没有说明此次来的任务，只是说党的关系没有了。想找过去的同事关系。问她有没有办法。

何惜玉摇摇头说："你们走后，没有人来过。"

我怀着惆怅的心情离别何家。往昔在上海一起工作的同志或被捕，或牺牲，或转移，就是在上海，这么个大闹市，又到哪里去找呢？

回到新亚酒店，已是掌灯时分。望着窗外万家灯火，码头长鸣的汽笛声清晰可闻。我忽然想到个办法，对！到码头去，或许可以找到熟人。

从第二天起，我就经常到码头去。当时上海码头还是有很多广东人当领港（导游）。我装作领港的样子，每到一条船，就到那里去碰。一天终于碰到一个熟人，就谈起来。我提起过去的一起工作过同志的名字，问他有没有见过。他想了半天，说："好像在安乐园看到过冯燊。"

"冯燊！他在哪里？"我如同见到光明。

冯燊也是海员，我同他在海轮上，在上海都一起从事过革命活动，后来也去了中央苏区。不知道他怎么也在这里。

他摇摇头："我也不知道他住在哪里，就在安乐园喝茶时碰到过一次。"

我见再也打听不到什么，便说我现在想找点事做，看到冯燊和其他熟人，叫他们来找我，我住在武昌路安乐园附近，每天中午都在那里喝茶。

于是，我一有空就跑到安乐园，泡上一壶茶，等待机会。一天中午，我像往常一样，正翻着报纸，摆出一副悠闲的神态喝着茶，突然看到一个熟悉的身影从楼梯口上来，果然是冯燊，我高兴极了。这时冯燊也看到了我，大吃一惊，转身就想走开，我忙叫："姆系燊！"

姆系燊是冯燊的化名，在上海工作时用过，不多人懂得。他听我这么叫，只得回来了。

多年不见，我们之间都不敢完全信任，我对他说是从南洋回来。随便谈了一会，约好第二天再来，就分手了。

接着几天，我们都在安乐园见面，互相恢复了信任。他说了真话：他在长征途中病得没法走，留在农民家里，后来才回到上海来的。我也对他说了实话。

他说："我在上海也没有关系，现在要找党中央，有一个办法，就是找楬荣。"

"楬荣，他在哪里？"

"在美国，可以写信给他。"

我们商量了一下，决定由他给楬荣写信。接着，我按原先与古田卢灿光约定的联系方法给他写了信，请他转告闽北党组织，并叫他汇些款来。一方面试试他是不是可靠，另一方面，原先带的款项也差不多花光了。

9月中旬，卢灿光汇来了200元钱，但美国榻荣那边仍无消息。于是我同冯燊商量，由他留在上海等榻荣的回音，我回香港，看看能否找到其他关系。冯燊也很同意。我们约好，一有消息，马上通报。

三

9月底，我从上海到了家乡香港九龙衙前围村。

回到家乡，尽管很保密，外头仍有人传说。道是"左派"（当地群众对进步的革命者称呼）回来了。我弟弟吴潭华所在的吴家祠学校的几位青年教师也闻讯而来。

我试着和他们交谈几次，想能不能通过他们找到些线索，但很快就失望了。原来他们只是同"四·一二"政变时在上海的一个叫叶仔的有联系，这对我毫无用处。于是，我又到香港码头找当时熟悉的海员，费了好大工夫，找到了刘达潮、方世林。但他们也都失去组织联系。

有意思的是，方世林后来联系了邱金，邱金派了吴有恒来联系，然而邱金觉得我回来得突然，不肯信任我。吴有恒来了一回，再不来了。新中国成立后，吴有恒见到我，谈起这事，都觉得好笑。

虽然找不到组织联系，但都是共产党员，总不能不工作，于是我和刘达潮、方世林自动组织起来，在香港麻地各海员港口宿舍活动，进行恢复香港海员工会的工作，一面在工人群众中开展宣传工作，一面继续找党的关系。

1936年12月爆发了震惊中外的"西安事变"，全国抗日救亡运动更加高涨，在我党的努力下，抗日民族统一战线开始形成。不久，我终于盼到冯燊从上海的来信说：

榻荣已向当时在美国的饶漱石汇报了情况，饶漱石派了朱挺（即江开松）到了上海，叫我立即回去联系。我立即赶到上海，不巧的是，朱挺已离沪，到香港来找我。等我回到香港时，他又去广州了。

1937年2月间，朱挺到了香港，找到了"新生书店"。我向朱挺汇报了中共闽赣省委成立的情况和闽赣边游击战争的情况，并将密写着文件的白短裤交给他，请他转告党中央。就这样，我经历了重重曲折，辗转千里，终于完成党交给的任务，把闽赣省委的文件送了出去。

据朱挺说，当时党中央对南方的红军游击队，也还没有具体的指示。我通过新开办的新生书店，向闽赣省委报告了我完成任务的情况，并将我们能够得到的有关抗日新时局的"八一宣言""东征宣言""民主共和国决议"等文件和书籍，通过古田卢灿光，寄给中共闽赣省委。后来知道，黄道收到这些文件和书籍，对认识抗日战争全面爆发后国内阶级关系的变化和我们党重大方针、政策，有很大的帮助。

四

1937年6月间，接到闽赣省委的通知，我即返回福州。想到很快就要见到患难与共的战友们，心情格外激动。不料，在福州等到的却是另一番情景。

原来接头的卢灿光没有来，我见到的是一个素不相识的年轻人。

那时正值初夏时节，闽江洪水泛滥。我担心水大不能走，他却说："没问题，明天走。"

当晚11点半，我被一阵打门声叫醒。一问，是那个古田年轻人的声音。为什么半夜打门？我有点怀疑，忙把带来的书记文件藏好。

门刚开，一群国民党特务拥了进来，我被戴上手铐，蒙上面罩，就这样我被捕了。

大概是那个年轻人被捕叛变，出卖了我。

国民党抓住了我，如获至宝，认为可以从我这个交通口里，获得我党情报。于是对我进行多次审问。

"你到底是共产党的什么官，谁派你到福州？"

"福州的共产党地下组织在哪里？你找谁接头？"

无论特务怎么审问拷打，我一口咬定是从南洋经香港回来，要到古田找事做。

他们说："你是闽北共产党的重要人物，我们都知道了，有人作证。"

我说："什么人作证，叫他站出来给我看看，还有什么证据都拿出来！"

他们没拿到什么证据，但又不肯放我，于是又拿软的一套，口口声声要我在国民党军队中干指导员，带他们同红军游击队联系。但这对我哪里有用！

敌人无可奈何，将我转了几个地方，前后扣押了3个半月，经过我严正抗议，闽赣省委也积极营救，11月初，我终于被释放。

出狱后，我只好回香港。1938年初，从八路军驻香港办事处得到消息，闽北红军已在江西铅山石塘集中，整编成新四军，并通知我到武汉八路军办事处报到。

接到通知，我即经广州到达武汉，在八路军办事处见到周恩来、张爱萍。张爱萍和我谈了话，让我到南昌新四军办事处工作。我很高兴，欣然接受了新任务。

到了南昌新四军办事处，见到了曾山和涂振农。不一会，闽北的老首长黄道也来了。他还是那么热情、乐观，两道浓眉下闪烁着深邃的目光。我向他汇报了出去前后的情况。

他说："你寄来的文件材料我们都收到了，在福州被捕也知道，我们去营救过，后来知道你回香港，就通知你回来。现在，我们要迎接新的工作，争取抗日战争胜利的前途。"不久，组织任命我为新四军驻南昌办事处副官处主任。我和同志们一道，开始了新的工作。

〔原载《南方三年游击战争》（闽北册），解放军出版社出版。〕

黄知真回忆大洲谈判

1937年，面临日本帝国主义侵略、奴役的中国人民，为了挽救中华民族的危亡，在全国范围内掀起了抗日救亡运动的新高潮。我闽赣省军政委员会主席黄道、副主席曾镜冰、曾昭铭，曾向福建、江西两省的国民党当局，多次发出"停止内战，联合抗日"的呼吁，可是国民党当局仍继续坚持"攘外必先安内"的反动立场，一面被迫接受我党中央"停止内战，团结抗日"的主张，停止对主力红军和陕甘宁边区的进攻；另一面又集中兵力，妄想一举消灭南方红军游击队。直到"七·七"事变和"八·一三"事变爆发，不得不从我根据地抽调"清剿"部队去应付日寇的大举进攻，无力再对我红军游击队进行"清剿"，国民党江西省政府才下令光泽县县长高楚衡与我们联系，表示愿意谈判。

8月，我们收到高楚衡的一封信，信上说，江西省政府熊式辉主席已收到了闽赣省军政委员会发出的《书邮代电》，愿意以此为基础进行谈判，并委托他为全权代表，希望我们派出代表，决定日期，指定地点，早日实现和平谈判，以"造福乡梓"。他还随信附寄了两份材料：一份是八路军成立和朱德总司令、彭德怀副总司令就职的《通电》；另一份是范长江同志写的《西北纪行》，讲述他在陕北见到毛主席、朱总司令等中央领导同志的情况。

接到来信，黄道同志立即召开会议，讨论对策。我们虽然经过学习，精神上已有所准备，然而事情真的到来，马上就要开始谈判了，有些同志仍然在感情上一时转不过来，怀疑国民党是不是真的愿意谈判。黄道同志说："现在日本帝国主义打进了我们多灾多难的祖国，中华民族面临生死存亡的紧要关头，全国人民要求抗日，我党领导人民投入抗日民族战争，形势逼迫国民党不能不表示愿意停止内战。停止内战、联合抗日是我们党提出的主张，现在他们表示愿意谈判，我们就应当欢迎。当然，在谈判时要提高警惕，不能上当。"

"这是真的。"原来曾在光泽县任扫帚尾区区委书记的蔡诗珊同志说，"我被捕关在光泽县城，是高楚衡找我，请我回来与省委联系，转告他们的谈判要求。"

"怎么没有听你说过？"

"怕当反革命，不敢讲。"

这就直接证实了谈判的可能性，也证实了谈判的可行性。省委决定：同意谈判，地点就在大洲，我们负责对方的安全。并讨论了谈判的条件：一，停止内战，一致抗日；二，释放政治犯；三，划定我军驻防地点，负责我军粮饷和军需供应，保证我们派一位负责同志安全到达我党中央驻地请示。如果他们能够接受这三条，我们也可以答应：一，停止打土豪、分田地；二，不再建立苏维埃政权；三，红军改为抗日义勇军。其他一切，听候我党中央指示。会后，派蔡诗珊同志去光泽，向高楚衡转告我们的决定，安排具体事宜。

9月，蔡诗珊带回高楚衡的信。信上说江西省政府已经正式委派他和江西省第七区保安副司令周中诚为谈判代表，同意我方指定的光泽县大洲村为谈判地点，原则上同意我方的谈判条件。要求我们指定代表，确定时间，尽快开始谈判。省委确定：黄知真、邱子明两位同志为谈判代表，连同谈判日期通知对方。

要我当谈判代表，完全出乎我的意料。当时我只有十七岁，深感自己年轻，难以当此重任。说实在的，真有些胆怯。我跑去问黄道同志："你看我行吗？"他坚定地回答："行！怎么不行？只要按照会上定的精神谈，把握不准的就坚持等待中央指示。"说完站了起来，望着我，风趣地说道："要知道，现在是他们着急，不是我们着急。"

在预定日期的前两天，我和邱子明同志带上全副武装的教导队一个排下山谈判，黄道同志亲自送了我们一程。他一路走，一路讲，到了山下路旁一栋农舍前面，他说："坐一下，喝杯茶吧。"我端起房东大娘送来的茶，喝了一口，说："这茶好苦呀！"黄道同志听了，端起茶杯也喝了几口，意味深长地笑着说："这茶最能消暑解渴，刚喝的时候有点苦，过一会就有一丝甜甜的味道，就像我们干革命一样，先苦后甜。"说完站起身来，凝视对面山峰，沉思片刻，慢慢低声吟咏：

> 蹈火归来又赴汤，
> 只身之命是家常。
> 东南西北路千里，
> 父母妻儿各一方。
> 叹息斯民犹困顿，
> 驰驱铁马未玄黄。
> 烽烟未息寇蹄急，
> 索得浓茶作胆尝。

他回转身来笑道："好，该分手了，这首诗，就算为你送行罢。"

我上了路，走出好远，回过头来，看见他高大的身影，仍然屹立未动。我心头一热，暗暗下定决心：一定要好好地完成任务。

说起大洲，其实并不大，只有几十户人家，分散在一个四面环山的小田坂周围。我们选择了一栋靠山的较大房子，作为住所和谈判地点。

第二天上午，对方代表来了。听到报告，我和子明同志走出门外，只见两辆黑色小轿，跟着4个护兵，距离我们十几步远停了下来。护兵上前掀起轿帘，轿里钻出两个：一个军人，瘦高个子，身着草绿色军装，脚蹬黑色半高统皮鞋，肩挎武装带，腰挂佩剑，上来敬个礼，口称："兄弟周中诚。"一个文官，比较胖，穿一身灰色中山装，脱下礼帽，轻轻一点头："高楚衡。"我和子明同志也作了自我介绍，对他们表示欢迎，请他们进屋休息。

房子里陈设很简单，一张方桌，几条长凳，挨墙放置四张床铺。是客厅，也是餐厅，还兼卧室，但收拾得很干净。

稍坐片刻，周中诚首先开口，他说："这次兄弟同高县长奉命与贵军谈判。熊主席表示，只要贵我双方竭诚合作，没有解决不了的问题。"说完，眼看高楚衡："高县长，你说呢？"

高楚衡没有说话，点了点头。

我说："现在国难当头，全国人民都要求停止内战，一致抗日。我们在半年前发出的《快邮代电》也早已提出了这个主张。我们是有诚意的，双方共同努力，就能谈得好。"

"一定谈好，一定能谈好！"他们连连点头。

互相交换了各自的打算，就吃午饭了。饭后，撤下碗筷，擦过桌子，接着又谈。

这次是我们先说。我问："闽赣省军政委员会3月的《快邮代电》看到了吧？"高楚衡回答："贵方的《快邮代电》，我们已经拜读过了，还仔细研究过。停止内战，联合抗日，也是我们的希望。贵方提出的这些条件，都可以商量。我们都是中国人，都要打日本嘛。"

"都是中国人，都要打日本。有这两句话，我们就好谈了。"我接着说："在我们的《快邮代电》里，提出的条件只有三个：第一，停止内战，联合抗日；第二，释放政治犯；第三，划出地方让我军驻防，并协助我们派出的同志安全到中央去汇报，听取中央的指示。在这之前，请贵方负责解决我军的军需问题。贵方如果接受这三条，我们也可以做到三条：第一，停止打土豪、分田地；第二，不再建立苏维埃政府；第三，我军改编为闽赣抗日义勇军。"

他们简单商量了一下，表示："第一条上午已经谈过，没有异议。第二条释放政治犯，还要查清楚，哪些人是政治犯，哪些人不属于政治犯。还有些监狱不属江西管，需要报告上峰，才好回答。"

我说："政治犯的含义很清楚。共产党员、红军战士、苏区群众，还有因为主张抗日被捕的人，都属于政治犯；既然我们已经合作抗日，这些人都应当释放。只要下一道命令，凡是以上几种人统统释放，不是很简单吗？"

"那么贵方能不能提供个名单呢？"他们又问。

"名单我们可以随时提供。"我说："但是我们现在还受封锁线的阻挠，各地区情况不可能一下子全部搞清。至于哪些不是我们根据地的人，我们提不出来，还是希望贵方主动把关押的政治犯释放出来，并且通知各地，我们将就近同当地政府交涉，希望给予协助。"

"那好，那好。"

其实他们并不主动。此后我们在铅山、在崇安，在邵武以及其他地方有关释放政治犯的谈判，都曾遇到不少曲折。但是他们既然已经承认表示同意释放政治犯，我们在政治上就取得了主动。

在此后的几天谈判中，有些问题解决得比较顺利，有些问题则经过一番曲折，甚至是激烈的争论。

主要有以下几点：

一、关于我军的驻防地点问题

省委原定方案是崇安或铅山，最好在崇安。所以我们一开始就提出崇安。他们再三表示，他们是江西省政府派出的代表，只能代表江西方面。崇安是属福建的，他们不好表态。这样，我们拿出了第二个方案——铅山。他们表示同意，只是要求允许他们在河口驻军，以保护军需仓库和后方医院。其他地方，我军一到，他们的部队都可撤出。

二、关于我军的粮饷和军需供应问题

他们问："贵军现有多少部队？"我答："有八个纵队。"他们又问："能否提供一个确切的数字？"我说："因为现在还有封锁线，我军联系比较困难，而且几乎天天作战，有减员，也有新兵入伍，一时难以提供确切数字，待部队集中以后，完全可以搞清。"

他们表示，闽北红军不属江西的部队，由江西提供粮饷和物资有困难。我们解释说：只是因为我们已做出了不再打土豪、分田地的允诺，所以才需要贵方提供粮食和其他军需物品。

谈来谈去，他们总是支支吾吾，吞吞吐吐，似乎既称闽赣抗日义勇军，由他们负责供应不好办。原来他们是早有打算，想把我军编入江西保安团。说穿了，就是要"吃掉"我们。对于这个阴谋，我们针锋相对地明确表示："我军的番号现在只能改为'闽赣边抗日义勇军'，在同我党中央取得联系以后，一切听从我们中央的指示。我们只是请贵方在这段时间内供应我军粮食和军需物资。"

周中诚是行伍出身，头脑比较简单，看到如意算盘落了空，便毫不客气地威胁说："如果上峰不答应呢？"

"那也没有什么，过去十年贵方没有供应，不是都过来了吗？"我轻松地回敬了一句。

高楚衡久居官场，比较老练，心想这不是又要打土豪了吗？赶忙接过话头："贵方是否可以把'闽赣边抗日义勇军'改为'赣闽边抗日义勇军'呢？把江西放在前面，我们对上峰也交代得过去了。"然后看看周中诚，"周司令，是不是这个意思？"周中诚也随声附和："就是这个意思。"

我与子明同志相视一笑，心想他们的阶级观念真强，一听到要打土豪就变了调门。为给他下台阶，我爽快地回答："好吧，既然是这个意思可以同意，就称为'赣闽边抗日义勇军'。"紧张的气氛随即缓和下来。

三、关于我军集中的时间

他们首先问需要多长时间才能集结完毕，他们好做准备。我们的回答是："现在部队分布的区域很广，通信设备又差，只能派人传达命令。由于封锁线的分割，派人传送命令也很困难，最少需要三个月的时间。"并且提出希望他们发给我方传送命令人员通行护照，以便能顺利通过封锁线，迅速把命令传送到部队去。他们无话可说，表示同意"提供方便"。

随后，他们拿出了一叠福建省政府和各县的告状电报，无非是某月某日某个城镇被红军占领，某月某日某人部队遭到红军袭击。我们说："只要我们谈判达成协议，部队就会接到命令，除非遇到挑衅，都会严格遵照执行的。请转告福建省政府，严格约束部下，以免引起误会。"我还说："今年3月，我闽赣省军政委员会的《快邮代电》发出后，江西方面已经做出了响应，福建方面至今未吭一声，请代为转达我们的遗憾。"然而他们并没有真正遵守协议，从谈判到集中，这种官司一直没有打完。

最后，我们提出："我党中央已经在南京设立了八路军办事处，我们决定派一位负责同志前去向中央请示，请贵方给予协助，使之早日安全到达。"他们满口答应："请二位放心，我们一定负责他的安全。"

至此，双方已达成协议。我们提议休会，以等待黄道同志最后审定。他们表示同意。当天，我们就派人把谈判结果报送省委。

隔了一天，黄道同志、曾镜冰同志到了大洲，同周、高见了面。黄道同志表示欢迎他们远道而来，同意已经达成的各项协议，希望双方共同遵守，竭诚合作。周、高都说："对双方达成的协议表示满意，回去后一定尽快向省政府和熊主席报告，一俟批准，就立即通知贵方。"

"很好。"黄道同志说，"这次谈判，两位是带着诚意来的，顺利达成了协议，希望两位向江西省政府转达我们的诚意，我们答应做到的那几条，请尽管放心，决不食言。"中午，黄道同志、曾镜冰同志请他们吃了饭。道别以后，他们乘轿回去。

谈判结束，省委机关也下了山，住进大洲村。

黄道同志说："现在国民党自顾不暇，再也无力'清剿'我们了。这次谈判取得了成功，但千万不能丧失警惕。到了铅山以后，县城不去住，河口更不去，只住在石塘。背靠大山，一有风吹草动，随时可以上山。"

几天以后，周中诚来信告诉我们，国民党江西省政府业已同意大洲谈判的协议，并指定吴仰山具体办理铅山交接和军需供给事宜，还表示欢迎我赴中央的同志早日到南城，由他负责沿途的安全。这就是说，双方都正式肯定了大洲谈判所达成的协议。

大洲谈判，是在闽赣省委的直接领导下进行的，谈判的本身也是成功的。虽然由于国民党采取"消极抗日，积极反共"的方针，大洲谈判达成的一些协议，例如释放政治犯，后来他们并没有完全执行，破坏协议的事件时有发生。但是在闽北，内战已经停止，我军在铅山县石塘镇集结，曾昭铭同志安全到达南昌会见陈毅同志，部队集结后一段时间的粮饷军需得到供应，以及一些被捕的同志经过交涉后出狱，都是大洲谈判的协议内容，也是大洲谈判的结果。

大洲谈判，表明国民党消灭闽赣边区红军游击队的企图彻底破产，标志闽赣边区艰苦卓绝的三年游击战争取得了光辉的胜利。

〔原载《南方三年游击战争》（闽北册），解放军出版社出版。〕

研究篇

黄道在闽北烽火燃烧的时期

在中共闽北临委、特委、分区委书记名录上，唯有黄道书记在闽北任职 7 年，他是闽北党早期领导人任职时间最久、贡献最大的一位书记。

黄道，1900 年 5 月 21 日出生于江西省横峰县姚家垅。1923 年在北师大就读时，由李大钊、陈毅介绍转为中共党员，任北师大党支部书记，成为北京学联的领导人之一。1926 年 3 月 18 日，黄道因带领学生参加李大领导的"三一八"运动，而被反动政府通缉，由陈毅传达党组织决定，黄道与方志敏、邵式平三人同回赣东北，共创革命根据地和红十军，被誉为赣东北"三杰"。1931 年 7 月，经赣东北省委决定，黄道到崇安出任中共闽北分区委书记，至 1938 年 2 月，先后两度主政闽北。其间，1936 年 6 月闽北成立中共闽赣省委，黄道任书记；1938 年 2 月调任中共中央东南分局委员兼宣传部长和统战部长，中共新四军党委委员、新四军驻南昌办事处主任，离开闽北苏区。

闽北 7 年，"在闽北创建中央苏区的两部'金曲'和'开创 3 省 26 县游击区'的三步高招"，是黄道精彩人生最具有典型性、代表性、闪光性的两大亮点。

在闽北创建中央苏区的两部"金曲"。闽北苏区，以 1930 年 5 月成立崇安县苏维埃政府为标志，一个以崇安为中心的闽北苏区正式形成。1933 年 5 月，闽北苏区所属各县苏区进入中央苏区闽赣省为目标，实现了闽北苏区成为以瑞金为中心的中央苏区大本营的成员。闽北苏区这两个历史性的转变，主要靠黄道总揽全局采取的"两步金曲"。

第一部"金曲"，开辟一个繁荣的闽北苏区。黄道主政闽北党政军全面工作期间，他审时度势，卓有成效地进行了四项意义深远的决策。

政治上，由他主持召开了第一次中共闽北分区委扩大会。会议制定的深入发动群众、进行土地分配、建立健全苏维埃政权作为指导闽北发展的纲领性文件。

军事上，由他主持将红十军留给闽北的特务营为骨干，整编成立了独立团，黄立贵任团长，为闽北建立了第一支训练有素的红军主力。

政权上，由他主持召开闽北苏区第一次工农兵代表大会以，正式成立了代表闽北人民根本利益的工农政权，为闽北苏维埃政权建设树立了榜样。

在经济上，由他主持在闽北苏区建立了生机盎然的农业，种类齐全的工业，兴旺繁荣的商业，活跃开放的外贸以及稳定的金融货币。

第二部"金曲"，开创了闽北苏区加盟中央苏区阵营。1932年至1933年间，由黄道主政进入了大发展时期。当年的闽北苏区包括福建的崇安、建阳、邵武、光泽、浦城、建瓯、松溪、政和、顺昌、南平，江西的铅山、上饶、广丰、资溪、贵溪、金溪，浙江的江山、龙泉、庆元的边缘地带，纵横达300余里，人口五六十万，横跨闽浙赣3省19个县的红色疆土。武装部队有闽北独立师，下辖4个独立团，1个纵队，2000余人，为闽北革命武装的主力红军。

1933年4月26日，中央人民委员会在瑞金召开第四十次常会，中央决定将闽北苏区划归中央苏区闽赣省领导。这年5月，闽北苏区所属各县苏区进入中央苏区闽赣省。

由黄道创建的闽北苏区，1933年5月进入中央苏区闽赣省范围。时隔76年后的2009年5月至2013年7月，经中共中央党史研究室批准，闽北的武夷山（崇安）、光泽、邵武、建阳、浦城、建瓯、松溪、政和、顺昌、延平等10个县（市、区）先后被正式确认为原中央苏区县，实现了全区都是中央苏区县的梦。这个梦，再现了黄道在闽北创建中央苏区县金牌的大功，体现了中共中央党史研究室对闽北苏区申报中央苏区县的大爱。

开创3省26县游击区的三步高招。闽北游击区，从1935年1月撤出武夷山的大安为起点，1938年2月闽北红军游击队在江西铅山县石塘镇改编为新四军第3支队5团为终点，全靠黄道采取的三步高招。

第一步高招，正确判断形势，坚定实行战略转移，打破敌人"围剿"，适时开展游击战。1934年底，闽北苏区大片土地失守，与中央苏区的联系也被切断。国民党重兵北从铅山、上饶，南从建阳，东从广丰、浦城，西由光泽、邵武，采取碉堡推进、步步为营的战略进行四面合围，形成对闽北苏区首府大安发起总攻的严峻态势。

在决定闽北根据地命运的关键时刻，黄道指挥闽北分区党政军领导机制，安全转移到武夷山西北部坑口一线分散隐蔽时，根据中央指示，结合闽北斗争实际做出3点部署：1.决定在老苏区中心区域的崇安，成立中共崇安中心县委，领导大安以东的崇安老区的斗争，并将大安西南的崇安、建阳老区划出，成立中共西南战区委员会，领导这一带的斗争。2.决定完善党政军一体化的领导体制，分区领导机关进一步精简，压缩非战斗人员，充实战斗部队。3.决定武装力量以分为主，能分能合，分散时能在闽北分区范围穿插自如，必要时又能集中歼灭敌人。闽北苏区能在敌人重兵包围下迅速顺利地转入游击战争，这是黄道坚决执行中央指示，灵活机动实行战略转移的结果。

第二步高招，制定避实就虚，三路出击，积极开创游击战争新局面的战略方针。闽北分区委于 1935 年 8 月在崇安县岚谷乡的黄龙岩召开分区委扩大会。会议通过由黄道制定的"以革命老区为依托，保存有生力量，积极向外发展，开辟游击新区"的游击战争总方针。在军事战略上，采取防御和进攻相结合，内线作战和外线作战相结合的方针，向敌后挺进，开辟游击新区，强调保存有生力量，尽量避免打硬仗，打消耗战，学会在分散的条件下，抓住有利战机，打击国民党军和地方反动势力。在政治统战上，实行"白皮红心"的两面政策，争取和多数保甲长、大刀会建立统一战线，集中力量打击少数顽固的敌对分子。在经济政策上，变打土豪为向土豪筹款，改分田地为减租减息。会议还做出联合闽东红军，共同对付国民党的决定。黄龙岩会议，是闽北游击战争具有政治、军事和经济意义的重要会议，为闽北三年游击战争史写下新的一页。由于开辟新区军事部署的正确，到 1936 年底，闽北游击区已遍及福建崇安、建阳、光泽、邵武、浦城、建瓯、松溪、政和、顺昌、南平、将乐、建宁、泰宁、寿宁、周宁、屏南、古田，江西上饶、铅山、广丰、金溪、资溪、贵溪，浙江庆元、龙泉、江山等 3 省 26 个县的广大地区，形成了闽北三年游击战争最好的时期。

第三步高招，审时度势，促进区域抗日统一战线的形成。在闽北游击战争后期，黄道密切注视时局的变化，于 1937 年 3 月 7 日，成立了以黄道为主席，曾镜冰、曾昭铭为副主席的闽赣省抗日军政委员会。

在黄道不断努力下，1937 年 10 月底，国民党江西省当局派江西第 7 保安副司令周中诚、光泽县长高楚衡为代表，在光泽县霞洋乡的大洲与我方代表黄知真、邱子明举行谈判，达成了合作抗日的协定。

1938 年 2 月，闽北红军游击队从武夷山出发，集中在江西铅山县石塘镇整训，改编为国民革命军陆军新编第四军第三支队第五团，开赴皖南抗日时，黄道同志挥手送别五团指战员上前线，与曾镜冰等亲密战友话别后，前往中共中央东南分局和新四军军部上任。至此，黄道书记全面实现了他在闽北主政 7 年 2 个亮点的精彩人生。

（原载《闽北日报》）

黄道对闽北苏区文化宣传工作重大贡献

在火红的土地革命战争时期，以崇安为中心的闽北苏区创建于 1930 年 5 月，是闽北第一个县级苏维埃政府，后成为闽浙赣和中央苏区的重要组成部分。1935 年 1 月，闽北分区党政机关撤离闽北红色首府——崇安县大安，开始艰苦卓绝三年游击战争，闽北苏维埃运动结束。纵观闽北苏区的历史，我们不难发现，作为闽浙赣革命根据地的创始人和主要领导者的黄道同志，不仅是一名优秀的无产阶级革命家、政治家，而且还是一位名扬闽浙赣苏区的宣传思想教育家，他在闽北主政 7 个春秋，对闽北苏区文化宣传事业的建设和发展做出了卓著贡献，名垂青史。

创建苏区学校

闽北地处闽浙赣三省边陲，由于长期受封建统治和军阀压榨，90% 以上穷苦农民生活艰难，被剥夺了受教育的权力。苏区政权建立后，要在这种社会基础和背景上建设和发展符合苏维埃特点的文化教育事业，最重要的是党的领导人的高度重视和正确决策。

黄道于 1931 年 7 月到闽北苏区任中共闽北分区委书记，当时闽北苏区的政治、军事、经济和文化等各个方面的建设，都处于刚起步的阶段，任务繁重。黄道作为闽北苏区总负责人，在统筹全局的同时，高度重视苏区的文化教育事业，特别是他亲自编写列宁小学国文课本的动人故事，在闽浙赣苏区传为佳话。

闽北苏区的学校，在黄道同志高度重视和亲切关怀下，从无到有，从初创到普及地创立和发展起来，使成千上万少年儿童、工农群众、红军官兵以及党员干部进入各级各类学校接受文化教育，当时，闽北苏区创办的学校有列宁学校、党校、彭杨军校等。列宁学校大致有以下 3 种：

1. 闽北分区列宁师范学校。这是一所培养教师和造就人才的学校。1932 年，闽北苏区进入繁荣时期，急需大批有较高文化水平的人才。在黄道的重视下，在苏区首府大安创办列宁师范学校，每年招收学员 200 人左右，学制一年。列宁师范学校创办 3 年多，共培养具有中等学历的人才近千人，这些人有的成了苏区教育界的主力，有的成了党政机关的骨干，有的成了红军游击队的优秀指挥员，在闽北苏区革命和建设中发挥了重要作用。

2. 闽北分区红色家属职业学校。这是一所苏区女工普及文化教育的专门学校。1932 年下半年，闽北苏区领导机关所在地大安，建立了制币、印制、服装、硝酸、军工等 10 多所工厂，工厂的普通工人，大多数是家属女工。为了办好体现苏区特色的家属学校，黄道动员自己的爱人吴品秀担任校长，在家属女工中进行初级"国语"、算术和政治教育。家属学校的创办，一是有效地提高苏区家属女工的文化素质和政治素质；二是为苏区经济建设培养了一批出色的女干部。

3. 闽北苏区列宁小学。这是闽北苏区教育事业的核心，它在以黄道为书记的闽北分区委的重视下，以及在分区、县、区苏维埃政府教育部直接领导下，全区在 14 个红色区域县，五六十万人口中，建立 2800 多所列宁学校，学生人数近 8 万人，使闽北苏区的适龄儿童得以在列宁小学接受文化教育，数万工农群众得以在成人学校接受文化和政治教育。

闽北苏区创办的列宁学校分全日制教育和成人教育两类。全日制教育，在县、区、乡苏所在地办列宁小学；在村苏所在地办列宁劳动小学。这两类全日子制学校，学生按年龄和文化程度分成4个年级，以30人左右为一个教学班，不足30人的单人校，采取复式教学法。学生100人左右的学校，配备3名教员。凡配2名教员的学校，1名为主教，1名为助教。教学科目有国文（又叫认字课本）、算术、政治、音乐共4科。高年级还增加军事、体育，以及帮助军烈属劳动等课程。为了加强列宁小学和劳动小学的行政领导和教学管理，各学校设立校务委员会，成员由学生代表、各科主任组成。校务会下设教务、训导、事务3个科，确保全日制教育健康有效地得到巩固和发展。成人教育主要有成人补习夜校、妇女补习夜校和干部补习夜校3种形式，教学任务以识字和扫盲为主，具有2个特点：一是不论农村、工厂和连队，均采取农忙少学，农闲多学；战争紧张少学，战争暂停多学。二是在苏区省界、县界和村界之间的路口设立识字牌，牌上的字每天换一次，由儿童团员负责看守，凡过境的人，要识一个字，若谁不认识，一直等到他会认了才让过去。这种扫盲识字法是苏区独具特点的学习形式。据历史资料记载，闽北苏区参加成人教育的人数达10余万人次。它在闽浙赣苏区教育史上占有重要位置。

以黄道同志为核心的闽北党组织十分重视培养和训练干部。闽北分区委于1931年7月创办了党校，从各县、区选拔有培养前途的优秀青年党员到党校学习，黄道同志亲自讲课。学员经过3至6个月的培训，分配到各县、区担任领导职务，接受实际工作锻炼，从而提高了党员干部的素质，造就了一大批政治上过得硬，政策水平高的领导干部。为了提高红军素质，1931年8月，闽北分区委在大安创办了闽北第一所军校——闽北军政教导大队（后改称彭杨军政学校），学制分别为 3 至 6 个月不等。各地选送来的工农青年经过军校培养，毕业后又派到红军中担任班、排、连职务，参加实战锻炼，大多成为红军骨干。

创办红色报刊

黄道同志把创办红色报刊摆在闽北苏区党的宣传工作的重要位置，并重点从 3 个方面加强对红色报刊的领导，一是通过党的会议，提出办报的方针和任务。二是通过下达"训令""通令"组织各县苏政府贯彻实施。三是组织人员到各县苏区开展宣传和定期检查。闽北苏区办的红色报刊，具有 4 个显著的特色。

一是向苏区的干部和人民宣传马克思列宁主义常识，宣传共产党的政治主张和苏维埃政府的政令、政策，提高苏区干部和军队指战员的政治理论和政策水平，启发群众的阶级觉悟。二是内容丰富，板面灵活，图文并茂，富有苏区特点。每期刊物大致有"社论""大事评述""前线""军事知识""党团建设""农业知识""苏维埃教育""赤色体育""破除迷信""识字游戏""读者意见""红军家属访问""故事讲座""每期一歌"等栏目。三是观点鲜明，鼓动性强，富有区域特色。当时，闽北苏区管辖的区域，连接闽赣边的有上饶、铅山、广丰、金溪、贵溪和资溪，连接闽浙边的有龙泉、庆元、江山，纵横 300 余里，五六十万人口，闽北苏区各机关办的报刊，每期内容都照顾各个区域，深受苏区广大军民的拥护和喜欢。四是文章言简意明，短小精粹，富有战斗性。每期报刊登载的文章，政治、军事、经济和文化的内容都注重文章的简明性，使苏区干部群众爱看。

总而言之，闽北苏区的红色报刊，是在黄道同志亲自关心下，创办起来的，它顺应了闽北苏区时期政治、军事、经济和文化建设发展的需要，占领了苏区的宣传阵地，受到闽浙赣省委和省苏领导机关的肯定和赞扬。

闽北苏区创办的红色报刊，主要有《红旗》《党的建设》《工农报》《列宁青年》《红色闽北》《红色射手》等6种。这6种红色报刊大多是于1931年至1932年，分别由中共闽北分区委、分区苏维埃政府、军分区、分区团委、分区总工会主办，并为各领导机关的机关刊物。报刊，一般以壁报形式出版，为8开单纸，每期印数1万份左右，统一由分区石印局承印，发至闽北苏区私管辖的党政军和群团机关，以及学校、乡（村）俱乐部、图书馆，红军游击队的连队。它在为革命战争服务和根据地的建设以及在理论指导、宣传鼓动、廉政监督、历史借鉴等方面发挥了巨大的作用。这些红色报刊大多是在战争年代被战火吞噬，但仍留存部分，现摆在闽北革命历史纪念馆展厅。它是黄道为闽北苏区创办红色报刊做出杰出贡献的历史见证。

创作革命歌曲

黄道在担任闽北分区委书记期间，闽北苏区成为闽浙赣苏区创作、普及革命歌曲较活跃的地区。它是黄道文艺才能和对闽北革命歌曲创作做出突出贡献的体现。

当年在闽北红土地广泛流行的革命歌曲，仅据目前收集到的就有127首，大致有以下5种类型：1. 歌颂共产党的有16首；2. 歌颂苏维埃的有33首；3. 歌颂红军的有56首；4. 歌颂工农的有13首；5. 鞭挞敌人的有9首。

在这100多首革命歌曲里，由黄道亲自作词作曲的有12首，占闽北苏区创作的革命歌曲总数百分之十。这是黄道对苏区文化宣传事业辛勤耕耘的真实写照。

黄道创作的革命歌曲是富有号召性、战斗性和鼓舞性的，譬如《骂叛徒李德胜歌》。歌词是：

李德胜，
真混账，
敌人进攻他就慌张，
借口探敌情，
公开去投降，
带来敌人奔袭我们到三港，
贪生怕死最可耻，
拖枪投敌黑心肠。
骂声叛徒休猖狂，
乌云一过出太阳，
这笔血债一定要偿还！
同志们，
不要怕，
革命好比火炼金，
真金不怕火，
怕火非真金，
一切复杂一经火炼现原形。
革命同志心如铁，
任何困难不变心，
为着工农的利益，
不顾一切地牺牲，
最后胜利一定属于我！

这首歌在闽北分区机关和红军连队教唱后，深深激发了干部战士对叛徒李德胜的仇恨，鼓舞了干部战士与敌人展开顽强斗争的坚定信心和决心。1935年4月，在黄道指挥下，闽北红军在上饶甘溪金钟山组织伏击战，一举歼灭敌军 200 多人，缴获武器 200 余件，而红军只伤亡 20 多人，打出了闽北红军的军威，创造了闽北进入游击战争以来，以最小代价取得最大战果的典型战例。闽北苏区革命歌曲不仅起了鼓舞红军英勇杀敌的作用，同时对苏区生产建设也起着很大的鼓舞作用。苏区时期，闽北各地都提出了粮食增产 3 成的口号，并普遍在队与队、村与村、乡与乡、区与区之间开展生产竞赛，在这种革命精神鼓舞下，全区的农业生产大幅度增长，毛泽东为此表扬了闽北苏区。

开辟列宁公园和红场

为了提高苏区人民群众的文体体育素质，以适应繁忙的生产劳动和频繁的对敌斗争的需要，闽北分区苏维埃政府效仿赣东北省苏维埃政府的做法，于 1932 年和 1933 年在大安街开辟了大广场，修建了革命烈士纪念塔，在崇安县城开辟了"列宁公园""红场"等文体场所，组织苏区军民开展各种形式的文体活动，活跃根据地军民的文化生活。列宁公园位于今武夷山市区中心，占地 50 亩，它是红军练兵，群众集会的重要场地，体现了武夷山苏维埃运动的遗迹。1998 年列宁公园进行扩建，改封闭式为开放式，面积为 80 亩。园内有朱德等老一辈革命家题词的"闽北革命烈士纪念碑"、方毅题字的"闽北革命历史纪念馆"，还有"闽北革命烈士纪念亭""粟裕大将骨灰安放处纪念碑"等红色文化标志性纪念设施，是一处纪念性、教育性、观赏性为一体的历史名园。

红场是苏区军民开展体育竞赛和休闲的场所，当时闽北苏区运动会在此召开，其比赛的项目有瞄准射击、劈刺、投掷、劈刀、跳高、跳远、竞走、打拳等。如今，武夷山市在红场建有一座现代规模体育馆，许多重大的国际和全国体育赛事在此举办。

　　弹指一挥间，89 年过去。黄道同志在 1931 年担任闽北苏区和闽赣省重要领导职务时，对苏区文化教育事业做出的巨大贡献，永远留在闽北中央苏区和老区人民心中。

　　　　　　　　　　［原载《福建中央苏区纵横》（武夷山卷）］

黄道同志主政闽北七年两大亮点

黄道，1900 年 5 月 21 日出生于江西省横峰县姚家垅。1907 年进学堂。1923 年在北师大就读时，由李大钊、陈毅介绍转为中共党员，任北师大党支部书记，成为北京学联的领导人之一。1926 年 3 月 18 日，黄道因带领学生参加李大钊领导的"三一八"运动，而被反动政府通缉，由陈毅传达党组织决定，黄道与方志敏、邵式平三人同回赣东北，共创革命根据地和红十军，被誉为赣东北"三杰"。1931 年 7 月，经赣东北省委决定，黄道到崇安出任中共闽北分区委书记。至 1938 年，先后两度主政闽北。其间，1936 年 6 月闽北成立中共闽赣省委，黄道任书记；1938 年 1 月调任中共中央东南分局委员兼宣传部长和统战部长，中共新四军党委委员、新四军驻南昌办事处主任。

今年（2010 年）5 月，是黄道同志诞生 110 周年。笔者翻阅其历史画卷，他主政闽北七年的 2 个亮点，是他精彩人生由起点到终点，最具有代表性、教育性的闪光点。现择选于后，以表达闽北老区人民对黄道同志的深切怀念。

在闽北创建中央苏区

黄道同志在闽北创建中央苏区的历史进程中，有着精彩的 2 部"金曲"：

第一部"金曲"，开辟一个繁荣的闽北苏区。闽北苏区创建于 1930 年 5 月。这年 7 月，中共中央决定将闽北与赣东北苏区合并，成为闽浙赣苏区重要组成部分。1931年4月方志敏等率领红十军进入闽北苏区作战，重创了闽北敌军主力，收复了大片苏区，扩大了以崇安为中心的红色疆土，闽北苏区开始进入稳定时期。黄道于这年7月主政闽北党政军全面工作期间，审时度势，卓有成效地进行了五项意义深远的决策：政治上，由他主持召开了第一次中共闽北分区委扩大会。会议制定的深入发动群众、进行土地分配、建立健全苏维埃政权、加强红军独立团建设、发展地方武装等任务的决议案，作为指导闽北苏区稳定和发展的纲领性文件。军事上，由他主持将红十军留给闽北的特务营为骨干，整编成立了独立团，由红军虎将黄立贵任团长，为闽北建立了第一支训练有素的红军主力，并成立分区军事委员会和军分区，黄道亲任政委，加强党对红军的绝对领导。政权上，由他主持召开闽北苏区第一次工农兵代表大会，将闽北分区革命委员会改称闽北分区苏维埃政府，正式成立了代表闽北人民根本利益的工农政权，为闽北苏维埃政权建设树立了榜样。在经济上，成立闽北银行，建立制币厂铸造银元，印制纸币。在农业方面，大力发展粮食生产和多种经营。

这时期繁荣的闽北苏区体现在6个方面：一是生机盎然的农业。1.实行土地改革，把豪绅、地主富农的土地分配给农民群众耕种，农民欠豪绅、地主富农的债务一概勾销。2.制定和采取各种政策措施，使广大农民成为农、林、牧、副业生产的主人。3.开办信用、生产、耕牛、农具等合作社，使农民得到所需生产资料和兴修水利等方面的物资和资金，确保了农业生产迅速的恢复和发展。二是种类齐全的工业。闽北苏区凡成立了县一级红色政权的地方，都开办有农具、硝盐、榨油、被服、制革、造纸、印刷、木桶、木炭、笋干、茶叶等工厂，为红色区域的经济发展奠定了基础。这时期，闽北党还在崇安成立"岭阳兵工厂"，大量生产步枪、土炮和土地雷等武器，保证了闽北苏区武装斗争发展的需要。1932年升格为"闽北兵工厂"，设立机械、修理、子弹、炸弹和翻砂5个科，生产高峰期每月可制造各种枪支1000余支，制作炸弹、地雷1万多个，生产手榴弹二三千枚，子弹15万多发。这种规模的军工生产在闽浙赣和中央苏区军工生产史上都占有重要地位。三是兴旺繁荣的商业。组织形式有公营商业、合作社商业和私营商业3种，其中合作社商业占苏区商业主要成分。四是活跃开放的外贸。闽北在崇安与河口、崇安与浦城、崇安与建阳、水吉等苏区边界重要出口处设立对外贸易处。组织出口苏区的茶、木、竹、笋、纸等大宗产品，输入苏区急需的盐、布、铁、药品等物资。推动了赤白区域的商品交流，促进苏区经济的繁荣与发展，增加了苏区税收财政收入，培养了一批懂外贸工作的干部。五是稳定的金融货币。闽北苏区银行存贷款业务有储蓄存款，机关和商业存款，工业存款，筹款存款，税收存款，发行公债和募捐存款，节约经济及其他存款等。贷款种类有农业、工业、手工业贷款，公营、合作社、私营和个人贷款等。闽北苏区银行发行的纸币和银元都是自己印制和制造的。纸币面值有1元、5角、2角、1角4种，每年印制一次，每次印2万张，还印制有面额50元和100元的兑换券。银元有两类：第一类图案是苏维埃标志统称红洋，它分为两种，一种有列宁头像，另一种有粉碎敌人五次围攻的标志，此种币为临时军用币。第二类按民国银行式样，图案分大人头、小人头、龙番三种。这两类银行，每天造100多块，最高月产4000多块。苏区金融货币管理机构的建立与运作，对控制货币发行、现金出口；充裕战费，支援战争；吸收资金，发放贷款，支持工农业生产；沟通内外贸易，打破敌人经济封锁；稳定市场与物价等方面，都起到了十分重要的重任。六是独具特色的文化。闽北苏区在县、乡、村三级红色区域，开办列宁小学和劳动小学，实行全日制免费教育。分区设立列宁师范学校，培养师资。黄道曾亲自编课本和诗歌，供学校和部队作教材。在工厂、学校、机关、部队、农村设立俱乐部，办剧团、歌咏会和体育会，群众性活动内容丰富，形式多样。分区各机关还主办《红旗周报》《红色闽北》《列宁青年》《红色射手》等报刊。闽北苏区独具特色的文化，被称是具有历史性、鼓舞性和教育性的红色文化。这些都生动体现了黄道的发展思路和开放政策的灵活性和正确性。

第二部"金曲"，开创一个上品牌的苏区加盟中央苏区阵营。在闽北苏区步入高潮期间，罗炳辉、谭震林于1932年10月，率领红十二军进入闽北苏区作战，密切了中央苏区与闽北苏区的联系。闽北苏区由黄道主持到1933年3月，已成为中央苏区的组成部分。范围包括福建的崇安、建阳、建瓯、邵武、光泽、松溪、政和，江西的铅山、上饶、广丰、资溪、贵溪、金溪，浙江的江山、龙泉、庆元的边缘地带，纵横达300余里，人口五六十万，横跨闽浙赣3省16个县的红色疆土。武装部队有闽北独立师，下辖4个独立团，1个纵队，2000余人，为闽北革命武装的主力红军。还有闽北军事政治教导大队，又称彭杨军校，是一所承担培养闽北军事干部的军校。各县地方武装有21个红军独立团（营）和游击队，计5000多人。

1933年4月26日，中央人民委员会在瑞金召开的第四十次常会认为"闽赣地方广大，在政治上、军事上、经济上均占重要地位"。为争取这一广大区域成为巩固的苏区，中央决定将闽北苏区从闽浙赣省分出，划归中央苏区闽赣省领导。这年5月，闽北苏区与中央苏区的建黎泰苏区合组闽赣省，进入以瑞金为中心下辖5个省级苏维埃政权的中央苏区的大本营。当年，闽北苏区进入中央苏区闽赣省的有崇安、光泽、邵武、建阳、崇（安）浦（城）、铅山、上（饶）铅（山）、广丰、广（丰）浦（城）、东方、建（瓯）松（溪）政（和）等11个县红色政权，成为中央苏区范围的重要成员。闽赣省革命委员会25位委员中，有7位委员是闽北苏区党、政、军负责人。黄道同志荣任中共闽赣省委常委兼宣传部长。

在军事上，闽赣省成立后，闽北红军独立师、闽北军政教导大队、闽北赤警团、崇安独立团、崇安赤卫军等武装被编入闽赣省军区序列。7月，闽赣省委根据苏区中央局和中央革命军事委员会的命令，在黎川组建红七军团，闽北红军1800余人编入红七军团20师55团。闽北红军进入中央苏区红军序列，直接受中央革命军事委员会领导，担负中央苏区东北大门的防御和作战重任。

在经济上，闽北苏区将各项经济指标纳入闽赣省的经济计划，努力完成中央苏区互济会总会和闽赣省下达的各项经济指标。仅崇安苏区在1933年内，为中央苏区互济会总会集谷子590石，完成借谷760担。为闽赣省完成税款300万元，租款74万元，筹款28万元。为闽赣省完成布鞋1332双，草鞋5395双，小菜2601斤，青菜2460斤，大米100担，成为闽赣省经济来源的重要后盾，受到闽赣省领导的高度称赞。

由黄道创建的闽北苏区，从1933年5月进入中央苏区范围，时隔76年后的2009年5月，经中共中央党史研究室正式确认，闽北武夷山（崇安）、光泽、邵武、建阳等县（市）为原中央苏区县。这既是黄道同志生前精心创建中央苏区历史功绩的体现，也是对闽北老苏区历史地位的肯定。

开创 3 省 26 县的游击区

1934 年 2 月，以黄道同志为首组成的闽赣省委工作团，由黄立贵率领红七军团 58 团护送，从中央苏区闽赣省进入闽北苏区腹地的大安，黄道再次担任中共闽北分区委书记。这年 10 月，中央主力红军开始长征，由此进入了艰苦卓绝的三年游击战争时期。

闽北游击区，从 1935 年 1 月撤出大安为起点，1938 年 2 月闽北红军游击队下山改编为新四军第 3 支队 5 团为终点，开创了一个横跨闽浙赣 3 省边区 26 个县游击区的惊险历程。黄道同志制定和策划了许多经典的战略决策，其中最高明具有决定性意义的三步高招是：

第一步高招，正确判断形势，坚定实行战略转移，打破敌人"围剿"，适时开展游击战。

1934 年底，闽北苏区大片土地失守，与中央苏区的联系也被切断。国民党重兵北从铅山、上饶，南从建阳，东从广丰、浦城，西由光泽、邵武，采取碉堡推进、步步为营的战略进行四面合围，形成对闽北苏区首府大安发起总攻的严峻态势。在这决定闽北苏区命运的紧急关头，闽北分区党内个别军事领导人，竟主张以红色堡垒对付白色堡垒，死守大安。黄道通观全局后，于 1935 年 1 月初在大安召开分区委会议，以坚决的态度抵制军分区司令员李德胜死守大安的错误主张。会议通过了黄道关于实行战略转移的 4 个决策性决定：1. 闽北党政军领导机关及直属单位随军分区撤出大安，在武夷山范围内坚持游击战争。2. 撤退已公开身份的干部，建立秘密的党组织和交通联络网，继续领导群众斗争。3. 加强四渡桥阵地的防守力量，阻击国民党的正面进攻，同时设法通知各主力团，在大安外围牵制国民党军，以保证领导机关的安全转移。4. 各县、区可根据实际情况，改变领导方式，原地坚持游击战争。

就在黄道召开闽北分区委会议的时刻，国民党军第十二师和独立第四十五旅从铅山和崇安两个方向分别向大安逼近，独立第四十五旅向崇安以北的四渡桥猛扑；第十二师占领铅山以南的紫溪后，继续向车盘、分水关进犯，闽北苏区首府大安陷于敌人南北夹击之中。1935年1月25日，在黄道亲自指挥下，闽北分区党政军领导机关主动撤出大安，转移到武山西北部坑口一线分散隐蔽。也就在这个时刻，分区委接到中央电报，根据中央指示，黄道结合闽北斗争实际又适时做出3点新部署：1.决定在老苏区中心区域的崇安，成立中共崇安中心县委，领导大安以东的崇安老区的斗争，并将大安西南的崇安、建阳老区划出，成立中共西南战区委员会，领导这一带的斗争。2.决定完善党政军一体化的领导体制，分区领导机关进一步精简，压缩非战斗人员，充实战斗部队。3.决定武装力量以分为主，能分能合，分散时能在全分区范围穿插自如，必要时又能集中歼灭敌人。闽北苏区能在敌人重兵包围下迅速顺利地转入游击战争，这是黄道坚决执行中央指示，灵活机动实行战略转移的结果。

第二步高招，制定避实就虚，三路出击，积极开创游击战争新局面的战略方针。

1935年上半年，是闽北红军游击队坚持斗争的最艰苦岁月。国民党为了"清剿"闽北红军游击队，把6个师（旅）的兵力，摆在闽北分区领导机关和红军的主要活动区域的崇安、铅山、浦城地区，并以崇建浦公路为封锁线，企图把闽北红军游击队消灭在封锁区内；政治上采取移民并村，强化保甲制度，实行"一户通匪十户连坐"的法西斯"连保切结"法，以切断红军游击队同群众的联系；经济上对粮食和盐等物资实行严格封锁，断绝红军游击队的物资接济，妄图把红军游击队困死饿死。

面对国民党采取的新招法，黄道认真地思考着生存和发展两大问题：1. 生存问题：闽北红军游击队既要同疾病和饥饿作斗争，又要防止国民党军的袭击，早晚易地而处，行止动荡无常，生笋止饥，野菜充肠，生活之艰苦，远远超出常人无法忍受的程度。2. 发展问题：闽北红军游击队从袭击上饶甘溪获胜得到一个启迪，敌人也有薄弱环节，敌人集中在苏区"清剿"，后方必然空虚，我们抓住这个弱点，在后方打击敌人，游击战争就能发展。黄道经过一番深思熟虑，于1935年8月在崇安岚谷的黄龙岩主持召开闽北分区委扩大会，简称"黄龙岩会议"。会议通过了由黄道制定的"以革命老区为依托，保存有生力量，积极向外发展，开辟游击新区"的游击战争总方针，并就军事、政治、经济三方面形成决议：在军事战略战术上，采取防御和进攻相结合，内线作战和外线作战相结合的方针，向敌后挺进，开辟游击新区，强调保存有生力量，尽量避免打硬仗，打消耗战，学会在分散的条件下，抓住有利战机，打击国民党军和地方反动势力。在政治上，实行"白皮红心"的两面政策，争取和多数保甲长、大刀会建立统一战线，集中力量打击少数顽固的敌对分子。在经济政策上，变打土豪为向土豪筹款，改分田地为减租减息。会议还做出联合闽东红军，共同对付国民党的决定。黄龙岩会议，是闽北游击战争具有政治和军事意义的重要会议，它为闽北游击战争掀开了新的一页，是黄道同志卓越军事才能的又一次生动体现。

黄龙岩会议后，黄道亲自部署了分三路打出外线，开辟新区的军事行动：第一路为饶守坤、王助率领第一、三纵队进军闽东北，开辟福建的建瓯、松溪、政和、周宁、寿宁、古田、屏南、南平以及浦城千仙岗以南，浙东的龙泉、庆元以西的广大游击区，打开闽北、闽东红军联系的通道。第二路为黄立贵率领第二纵队，积极向邵（武）顺（昌）建（阳）地区挺进，开辟将（乐）建（宁）泰（宁）游击区，建立邵将泰和建泰县委，使将建泰游击区连成一片，形成闽中游击区。第三路为吴先喜率领第四纵队挺进资（溪）光（泽）贵（溪）地区，成立资光贵中心县委，扩展游击区域。

由于分三路打出外线、开辟新区军事部署的正确，到1936年上半年，闽北游击区扩大到以崇安为中心，东至松溪、政和，西至金溪、资溪，南接将乐、泰宁，北达广丰、浦城，包括龙泉、庆元、江山闽浙赣3省边区26个县的广大地区。同时内线外线可以密切配合，几块游击区可以互相支援，红军游击队可以往返穿插，形成了闽北三年游击战争最好的时期。

第三步高招，审进度势，促进区域抗日统一战线的形成。

在闽北游击战争后期，黄道密切注视时局的变化。当收到吴华友寄回的中共中央1935年发表的《为抗日救国告全体同胞书》和1936年做出的《中共中央关于抗日救亡运动的新形势与民主共和国的决议》等文件，并从一张包盐的废报纸上看到"西安事变"和平解决的消息后，黄道便敏锐地意识到国内外形势正在发生急剧的变化，即和省委其他领导成员研究分析了国内政治形势。1937年2月7日，在黄道主持下，闽赣省做出了《关于开展抗日反帝斗争的决议》，号召"一切不愿作亡国奴的中国人；不论职业、团体、宗教信仰、政治派别，一致联合起来，共同进行抗日的民族革命战争"。3月7日，成立了以黄道为主席，曾镜冰、曾昭铭为副主席的闽赣省抗日军政委员会。

1937年8月13日，日本侵略者大举进攻上海，蒋介石迫于形势，将"围剿"闽北苏区的军队撤出闽北游击区。闽北国共武装对峙的形势渐趋缓和。黄道洞察形势，适时以闽赣省军政委员会的名义致函国民党地方当局，提出建立南方抗日民族统一战线的建议。不久，又通过光泽县长致函国民党江西省政府主席熊式辉，明确表示"我们向以抗日救国自任，对救亡图存工作决不后人"，提出合作抗日的主张，并希望熊式辉派代表前来谈判。在黄道不断努力下，1937年10月底，国民党江西省当局派江西第7保安副司令周中诚、光泽县长高楚衡为代表，在光泽县霞洋乡的大洲与我方代表黄知真、邱子明举行谈判，达成了合作抗日的协定。

1938年2月，闽北红军游击队在江西铅山县石塘镇集结整训，改编为国民革命军陆军新编第四军第三支队第五团，开赴皖南抗日时，黄道同志挥手送别五团指战员上前线，与曾镜冰等亲密战友话别后，前往中共中央东南分局和新四军军部上任。值此，黄道同志全面实现了他在闽北主政七年两个亮点的精彩人生。

（原载《福建红土地》）

黄道与曾镜冰共事六个春秋的革命情怀

黄道是"东南半壁江山"革命家，曾镜冰是"东南一旗帜"著名人物。他们从 1933 年 6 月至 1938 年 2 月，在中央苏区闽赣省、闽北分区和闽赣省共事 6 个春秋，结成的戏剧性、趣味性、故事性、经典性、教育性的革命情怀，这体现在他们 4 次共事上。

第一次共事：在中央苏区闽赣省的情怀

黄道、曾镜冰的出生地不同，黄道出生于江西，曾镜冰出生于广东。他们的出生地和原工作单位不同，但志趣相同，才华横溢，早年在中央苏区闽赣省就并肩共事，留下传世美称。

那是 1933 年 4 月 26 日，中央人民委员会在瑞金红都召开的第四十次常委会认为：闽赣苏区地方广大，在政治、军事上均占重要地位，为争取这一广大区域成为巩固的苏区，决定将闽北苏区与建、黎、泰、金、资、光、邵以及信抚两河间一带地区划为闽赣。这年 5 至 6 月，闽赣省革命委员会、中共闽赣省委、闽赣省军区相继成立，闽赣省委书记顾作霖、省革委会主席邵式平、省军区司令员兼政委肖劲光，闽赣省党政军机关设在江西黎川，闽北苏区成为闽赣省大本营的南大门。

闽北苏区进入中央苏区闽赣省期间，黄道从闽北分区委书记调中共闽赣省委担任省委宣传部部长，曾镜冰从中央苏区共青团儿童局书记调中共闽赣省担任省团委宣传部部长，他们第一次在闽赣省共事，为闽赣省的军队建设和发展做出重要贡献。在闽北崇安创造一个"红军营"，调闽赣省成为红七军团的一部分。在闽北动员300多名青少年，开赴黎川参加组编少共国际师。在闽北苏区首府大安，把以崇安红军为主体发展的闽北红军独立师1800多人，调闽赣省编入红七军团20师58团，直接进入中央红军序列。

当年，内有闽北红军基因组建的红七军团，在北上抗日第一阶段的军事行动，前后4个月，行程3200公里，经历"进击闽中""福州战斗""进发闽东""北上庆元""进抵闽北""北上浙西""转战皖赣"，先后共进行有影响的战斗50多次，生动体现了黄道、曾镜冰、黄立贵等领导人的闽北红军的军魂。

1933年10月，国民党纠集50万兵力重点进攻中央苏区，中共闽赣委驻地黎川失守，闽赣省委迁到福建的建宁。1934年2月，因闽赣战局需要，受中央指示，黄道、曾镜冰等组成闽赣省工作团，由黄立贵率领的58团护送，进入闽北苏区首府大安。黄道任中共闽北分区委书记，曾镜冰任共青团闽北分区委书记，后任闽北分区委组织部部长、闽北红军独立师政治部主任等职。

第二次共事：在闽北游击区的情怀

黄道、曾镜冰同是从学生时代就投身革命运动，具有自觉为创建共和国奋斗一生的高贵品德。这种以民族利益为重、联手共事的可贵精神，还体现在闽北三年游击战争的史册上。1934年冬，中央主力红军长征前，党中央决定设立苏区中央分局、中央政府办事处和中央军区，由项英同志、陈毅同志统一领导，要求各苏区在原地坚持游击战争，积极牵制敌人，以便将来配合中央红军夺取反攻胜利。但在执行中央这一决策性的指示上，闽北分区委党内发生了一次严重的分歧意见，闽北军分区司令员李德胜主张，以"红色堡垒对白色堡垒，不失苏区一寸土地，誓死守住大安"。在分区委内部突然冒出这种决定闽北苏区的命运和前途的问题上，曾镜冰坚定站在黄道正确路线一边，他带动一班人拥护和支持黄道提出"主动撤出大安，依托武夷山，依靠老区，坚持游击战争，保存有生力量，配合中央红军，夺取反攻胜利的正确主张"，彻底否决了李德胜的错误主张。

1935年2月，闽北三年游击战争刚拉开序幕时，国民党调集数十万敌军从南北两个方向，采取层层建立封锁线和据点，并实行移民并村，妄图切断群众与红军游击队的联系，闽北苏区处于最艰难的时期。

在这非常的时期，闽北军分区司令员李德胜因为他的错误主张被否定心怀不满。一天，他借故到前沿了解敌情，投敌叛变革命，并引敌人到桐木三港等地袭击闽北红军主力。在这政治与军事受到考验与挑战的关键时刻，曾镜冰立场坚定，紧密配合黄道指挥部队英勇还击敌人，粉碎了李德胜叛徒的阴谋，打退了国民党的进攻，分区委和红军脱离险境，安全转移。

1935年8月，黄道在崇安的黄龙岩召开闽北分区委扩大会，提出以崇安老苏区为依托，保存有生力量，积极向外发展，开辟游击新区的总方针。在军事上采取防御和进攻相结合，内线作战和外线作战相结合，向敌后推进，强调保存有生力量，尽量避免打硬仗，打消耗战，学会在分散的条件下，抓住有利战机，打击国民党和地方反动势力的方针。在政治上实行"白皮红心"的两面政策，争取各地多数保甲长、大刀会，建立统一战线，集中力量打击少数的敌对分子。在经济上变打土豪为向土豪筹款，改分田地为减租减息。在闽北游击区求生存谋发展，具有方针怀、战略性、政策性的问题上，曾镜冰作为黄道领导群体中的关键人物，坚决支持黄道提出的这一总方针，并在行动上全面贯彻执行。

1936 年 4 月，黄道、曾镜冰等在政和县的洞宫山仰头村，与闽东领导人叶飞举行联席会议，商定成立闽赣省和省军区。6 月，黄道在崇安县的黄龙岩，宣布成立中共闽赣省委，黄道任书记，曾镜冰任省委组织部部长。闽赣省下辖 4 个分区：一分区（闽北分区），书记汪林兴；二分区（闽中分区），书记黄立贵；三分区（抚东分区），书记吴先喜；四分区（闽东北分区），书记王助。

到 1937 年底，闽北游击区已遍及福建的崇安、建阳、光泽、邵武、建瓯、松溪、政和、浦城、顺昌、南平、将乐、建宁、泰宁、周宁、寿宁、屏南、古田，江西的上饶、广丰、铅山、金溪、资溪、贵溪，浙江的龙泉、庆元、江山共 3 省 26 个县的广大地区。

闽北游击区的三年游击战争，从 1934 年 10 月到 1935 年 7 月，为主动撤出苏区全面转入游击战争；从 1935 年 8 月到 1937 年 12 月，为内线、外线结合，坚持与开辟游击根据地两个阶段，始终保持革命组织、革命武装、革命阵地，成为南方三年游击战争的一个坚强的战略支点。这既是黄道正确军事路线的胜利，也是曾镜冰当好黄道助手的重大功绩。

第三次共事：在建立闽赣边抗日统一战线的情怀

黄道、曾镜冰自从在闽赣省、闽北分区共事，形成的思想与行动，始终不忘初心。1936 年 12 月，震惊中外的"西安事变"爆发后，闽北国共对峙的局势一度缓和，为尽快实现与国民党闽赣当局建立抗日民族统一战线，中共闽赣省委于 1937 年 3 月，成立中华苏维埃共和国闽赣省军政委员会，黄道任主席，曾镜冰任副主席，并发布训令提出目前"党的总路线是发动团结与组织全民族一切革命力量，去对付当前的敌人日本帝国主义与卖国贼"，号召人民"有力的出力，有知识的出知识，有钱的出钱，有枪的出枪，都参加到反日阵线上去"，同时确定在政策上实行5个方面的转变，以团结一切可以团结的力量。一是对一切知识分子，只要不是反动头子都可以保护，并吸引其加入反日阵线。二是对小工商业应加以保护，对较大的商家也只能向他们捐款。三是对于富农也不应捉来罚款或捐款。四是对小地主，只要能同情反日，民愤不大，自动捐款的可不没收其财产。五是对俘虏来的白军下级军官，应进行反日宣传，并释放回去。

这期间，在闽赣省抗日救国统一战线的新形势下，黄道与曾镜冰以闽赣省军政委员会正副主席的名义，先后5次致函国民党江西省政府、崇安和光泽县政府，积极提出双方进行和平谈判，国共合作抗日的主张。

在黄道与曾镜冰两位领导人的据理力争、奔走呼吁和多方努力下，1937年9月底，江西国民党当局派出江西第七保安副司令周中诚、光泽县长高楚衡为代表，闽赣省指派黄知真、邱子明为代表，谈判地点确定在光泽县霞洋乡大洲村。

闽赣省国共合作正式谈判开始时，黄道与曾镜冰亲临大洲村，直接参加谈判，经过七天的谈判，双方达成4点协议：1. 对方划出一片地方给我方部队集中休整。2. 闽北红军游击队改编为闽赣边抗日义勇军，对方要解决给养问题。3. 我方派一代表去请示中央，对方要保证安全。4. 我方答应停止打土豪分田地，实行减租减息。这个来之不易的"大洲谈判"，闽赣边实现了国共合作抗日的局面，正是黄道与曾镜冰正确决策、共同努力赢来的抗日统一战线的成果。

第四次共事：在闽北红军游击队参加石塘整编的情怀

黄道、曾镜冰不忘前期共事的初心，最后一次共事是在石塘领导闽北红军游击队整编。那是 1937 年 10 月，中国共产党与国民党谈判达成协议，将南方 8 省 15 个地区的红军游击队改编为国民革命军陆军新编第四军，简称新四军，意在传承北伐时期第四军（铁军）和土地革命战争时期的工农红军第四军的光荣传统。

这期间，黄道与曾镜冰根据党中央的指示，把握时机，以闽赣省名义向闽北红军游击队发出下山参加整编的通知，集中地点确定在崇安县坑口的长涧源。为了保证闽北各部队在崇安集中等重大事宜的落实，黄道、曾镜冰联名先后 8 次致信国民党崇安县长蒋伯雄，要求他转达我方意见，电请国民党福建省当局撤出崇安一带驻军。在他们的努力和争取下，闽赣边国民党当局按照我方的要求，撤出崇安、铅山一带的驻军，确保了闽北红军游击队于 1937 年冬从崇安县坑口的长涧源出发，开赴江西铅山县石塘镇参加整编。

石塘位于铅山河的上游，南靠武夷山，北临信江和浙赣铁路，原是闽北苏维埃时期的一个红色阵地。整编期间，黄道与曾镜冰亲临石塘领导闽北红军游击队的整编，保证了整编工作顺利完成。

傲雪迎春到，高歌上前线。1938 年 2 月，黄道受中共中央东南分局委托，在石塘镇一所小学召集五团营以上干部，举行就职典礼，正式宣布新四军军部命令：闽北红军游击队改编为国民革命军陆军新编第四军第三支队第五团，团长饶守坤，副团长曾昭铭（政委），全团下辖 3 个营和 1 个机炮连，共 1500 多人，开赴皖南抗日前线。闽北红军游击队改编的新四军五团，在抗战前线"五次繁昌对日作战"和"东流山血战"等重大战斗中，打出了新四军的军威，名扬大江南北。

1938年2月，黄道与曾镜冰在圆满完成闽北新四军五团整编任务的同时，他们在石塘接到中共中央东南分局关于解任闽赣省委、成立中共闽浙赣特委的指示。黄道调任中共中央东南分局宣传部部长兼统战部部长，对外身份为新四军驻南昌办事处主任，少将军衔。曾镜冰任闽浙赣特委书记，汪林兴任组织部部长，王助任宣传部部长，孙克骥任统战部部长，俞雅鹿任职工部部长，左丰美任青年部部长，下辖建松政和邵武2个中心县委及崇安、浦城、建阳、顺昌、光泽、上饶、铅山7个县委。

在这可喜可贺的时刻，曾镜冰率领中共闽浙赣特委班子成员与黄道亲切话别，从石塘回崇安县坑口的村头村闽浙赣特委驻地；黄道送别曾镜冰等亲密战友后，经横峰乘火车赴新四军驻南昌办事处上任。

黄道与曾镜冰坚决听从党中央的决定和安排，在中央苏区闽赣省、闽北分区和闽赣省共事6个春秋的佳话，至今仍在闽浙赣老区群众中广为传颂。

永恒千古的纪念。黄道与曾镜冰从共事到相识，从相识到分离，从分离到人生的终点。一位时为中共中央东南分局宣传部部长、新四军少将驻南昌办事处主任，年仅39岁被国民党特务毒害含恨离开人世。一位最高职务为中共闽浙赣省委书记、闽浙赣人民游击纵队司令员兼政委、中共七大中央候补委员，只53岁在"文化大革命"期间含冤与世长辞。历史是公正的。他们精彩的传奇人生，永远记载在国史、党史、军史的画卷上。

（原载《江西铁军纵横》）

黄道指挥闽北三年游击战争杰出的军事才能

　　黄道是土地革命战争时期闽北革命根据地的主要领导人，也是闽浙赣革命根据地主要创始人。他在指挥闽北三年游击战争时期，表现出的杰出军事才能，主要体现在闽北游击战争的3次历史性转折上。

　　闽北三年游击战争的斗争历程，始于1935年1月，闽北分区党政军机关撤离崇安大安进行战略转移，止于1937年12月，闽北实现合作抗日。

　　当年，闽北游击区的范围横跨3省26个县。福建包括崇安、建阳、建瓯、政和、松溪、浦城、光泽、邵武、顺昌、南平、将乐、建宁、泰宁、屏南、古田、周宁、寿宁17个县，江西包括金溪、资溪、贵溪、广丰、铅山、上饶6个县，浙江包括江山、庆元、龙泉3个县。这块游击区的大本营设在崇安，总指挥是黄道。

　　闽北游击区，在长期和党中央失去联系的情况下，在与数十倍于己的国民党军的斗争中，顶住敌人的连年"围剿"，胜利完成"三保持"（保持革命组织、保持革命武装、保持革命阵地）的光荣使命，实现了闽北从土地革命战争到抗日战争的转变，成为南方8省15块游击区的一个战略支点，也是研究新四军战史的一个亮点，它是黄道杰出军事才能在闽北游击区3次历史性转折的生动体现。

　　第一次历史性转折：闽北游击战争以1935年1月主动撤出大安为标志，实现由苏区向游击区的转变。1934年10月，中央苏区第五次反"围剿"失败，中央主力红军进行战略大转移，闽赣边区国民党军集中 10 万兵力，分三路发动了以闽北苏区首府大安为总攻目标的全面进攻。面对这种严峻形势，闽北分区委根据中央在长征前关于坚持原地开展游击战争，等待中央红军主力总反攻的胜利的指示，于 1935 年 1 月初在大安召开紧急会议，研究和讨论党和红军的行动方针。会上，闽北分区委书记黄道一方面以坚决的态度，抵住军分区司令员李德胜死守大安的错误主张；另一方面应用毛泽东军事思想，阐明关于中央红军主力长征后，苏区的形势已发生变化，闽北红军早已失去固守苏区的条件，应当保存实力，主动撤出大安，依托武夷山区，坚持游击战的正确主张。会议还通过 4 个决定：1. 闽北党政领导机关及直属单位随军分区撤出大安，在武夷山范围内坚持游击战争；2. 撤退已公开身份的干部，建立秘密的党组织和交通联络网，继续领导群众斗争；3. 加强四渡桥阵地的防守力量，阻击国民党的正面进攻，同时设法通知各主力团，在大安外围牵制国民党军，以保证领导机关的安全转移；4. 各县、区可根据实际情况，改变领导方式，原地坚持游击战争。大安会议精神，既体现了黄道的正确路线，又表达了闽北红军游击队指战员的意愿。

大安会议几天后，四渡桥阵地已被敌军占领。北面之敌已接近分水关，南面之敌到了离大安 10 里的小浆。至此，1935 年 1 月 25 日，在黄道书记一声令下，闽北分区党政军机关及直属单位全部撤出大安，开始进入艰苦卓绝三年游击战争时期。

闽北由苏区转变为游击区，它标志着闽北根据地进入开展游击战争的大环境。此时，闽北分区委接到中央电报，其主要内容是：老苏区面前的任务是坚持游击战争，要实现由正规战到游击战的转变。要组织小分队，有计划地分散活动，环境有利则集合歼敌，不利又分散下去；要紧密联系群众，在群众中站稳脚跟；要占领山地，灵活机动袭击，出奇制胜；要精简领导机关，派得力干部到地方去加强领导。对照中央电报精神，结合闽北斗争实际，闽北分区适时做出3点新部署：1. 决定在根据地中心区域的崇安，成立中共崇安中心县委，领导大安以东的崇安老区的斗争，并将大安西南的崇安、建阳老苏区划出，成立中共西南战区委员会，领导这一带的斗争。同时，分区领导机关抽调3位有斗争经验的同志到邵武、广浦、建阳加强领导。2. 决定完善党政军一体化的领导体制，分区领导机关进一步精简，压缩非战斗人员，充实战斗部队，各县党政领导机关也坚决进行精简，彻底执行轻装，以利于随县独立营行动，更加机动灵活，对付敌人的"清剿"，打击敌人，保护群众利益。3. 决定以分为主，能分能合，分散时能在全分区范围穿插自如，必要时又能集中歼敌。就闽北红军独立师下辖的4个团，一、三团到江西铅山地区，二团留在崇安、广浦地区，四团在建阳、邵武、光泽地区，配合各地党组织和游击队，开展游击战争。

闽北红军游击队也开始经受上山第一年艰难岁月的考验，主要经受了"翻山越岭""日晒雨淋""饥饿寒冷""疾病折磨""断粮缺水""野菜充饥""生死存亡"7个方面的考验，使闽北红军游击队造就了思想红、作风硬、纪律强、技术精、特别能战斗特别能吃苦、不怕死的队伍，为闽北三年游击战争进入第二个阶段转变奠定了坚实的政治和军事基础。

第二次历史性转折：闽北游击战争是以1935年黄龙岩会议确定向外线发展，开辟新的游击根据地为标志，由坚持原苏区内线作战转变为挺进敌后的内线与外线相结合的游击战，开始进入第二次历史性转折。1935年8月，国民党闽浙皖赣四省边区"清剿"总指挥部，采取政治、军事、经济三管齐下，全面封锁的策略，企图把红军游击队困死饿死在山上。为了打破国民党军的封锁，坚持游击战争，这年8月，中共闽北分区委在崇安县岚谷乡的黄龙岩，召开一次具有历史意义的分区委扩大会议（简称黄龙岩会议）。在黄道书记的主持下，会议高度评价了大安会议、长涧源整编、三港整顿以来的重要决定和措施，总结红军游击队在极其艰难的条件下，积极开展游击战争，不断打击国民党军，努力保护群众利益的做法，确定了以崇安老苏区为依托，保存有生力量，积极向外发展，开辟游击新区的总方针。黄道书记把这一方针形象地比作是"敌人不让我们安稳地待着，我们就跟敌人换防，他搞到我的家，我也搞到他家里去"。由此，闽北游击战争跨进深入发展的新起点。

黄龙岩会议后，闽北红军游击队分兵三路打出外线，开辟新区。第一路由饶守坤、王助指挥的独立师二、三团进军闽东北，先后开辟了建瓯、松溪、政和、周宁、寿宁、古田、屏南、南平，以及浦城千仙岗以南浙江的龙泉、庆元的广大游击区，打开了闽北、闽东红军联系的通道，这2个红军团也由原来600多人发展到1000多人。第二路由黄立贵指挥的独立师第三纵队向邵（武）顺（昌）建（阳）挺进，先后在邵顺建地区建立了饶坝、贵溪、东游、华家山区委，在将（乐）建（宁）泰（宁）开辟了游击区，建立了邵将泰和建泰县委。第三路由吴先喜、刘文学指挥的独立师四团二、三营，先后把游击区扩大到江西的金溪、贵溪、资溪，以及光泽等县，发展党员200多人，建立了资光贵中心县委，统一了抚东游击根据地领导。

这期间，在三路红军游击队向外线发展，开辟新的根据地的同时，黄道书记把握时机，于1936年4月在政和县洞宫山仰头山与闽东领导人叶飞举行联席会议，经磋商决定成立中共闽赣省委和省军区。同年6月，黄道在崇安县岚谷乡黄龙岩宣布成立中共闽赣省委、闽赣省革命委员会和省军区，黄道任闽赣省委书记兼省军区政委，叶飞任省军区司令员（未到职）。闽北方面成立了4个分区委和军分区。到1936年底，闽北游击区已遍及福建、江西、浙江3省26个县的广大地区。闽北红军游击队经过以上2次历史性转折的锻炼和考验，广大指战员的政治素质、军事素质、文化素质、身体素质也都得到了很大的巩固和提高，造就了一批又一批英雄模范人物，红军游击队的人数由1000多人发展到3000多人，赢来了闽北三年游击战争的最好时期。

此时，粟裕等率领红军挺进师，进入崇安坑口车盆坑，与闽北党和红军领导人黄道、曾昭铭等会面。双方商定：1.将留在闽北的先遣队五团二营四、六两连指战员160多人，编入挺进师。2.将马长炎率领的挺进师一个分队30多人留在闽北，编入闽北独立师第四团。3.双方在游击战中彼此密切配合，保卫闽浙赣老根据地。接着，粟裕率领挺进师由车盆坑转到崇安岚谷作短暂休整后，进入浦城县的仙阳等地活动。

第三次历史性转折：闽北游击战争是以1937年10月，中共闽赣省委与国民党江西省当局代表在光泽县大洲村举行谈判为标志，由促进国共和谈到实现合作抗日的转变，进入第三次历史性转折。1936年12月，时值西安事变的爆发与和平解决，蒋介石被迫接受了中共中央提出的"停止内战，一致抗日"的主张，在北方实现了和平。但在南方，国民党当局仍坚持"清剿"红军游击队。仅部署在闽北游击区的国民党正规军就有7个师，还有福建与江西的保安队。国民党指令各部大举"清剿"的同时，颁布了"十杀令"和"抽干塘水捞鱼"办法，妄图困死、饿死红军。闽北红军游击队又面临一场严峻的生存考验。

在这乌云密布的时刻闽赣省委书记黄道洞察形势，根据党中央关于建立全民族抗日统一战线的政策和方针，以及党的策略与任务，于 1937 年 2 月做出《关于开展抗日反帝斗争的决议》号召"一切不愿作亡国奴的中国人，不论职业、团体、宗教信仰、政治派别，一致联合起来，共同进行抗日的民族革命斗争"。接着于 3 月 7 日，成立了以黄道为主席，曾镜冰、王助为副主席的闽赣省抗日军政委员会，同时组织抗日救国会。通过快邮代电，向国民党江西、福建省政府发出"停止内战，一致抗日"的呼吁。但是国民党当局，置闽赣省抗日军政委员会的正义呼声于不顾。蒋介石于这年 4 月，电令福建省主席陈仪及其部队，务必在近期内肃清福建境内红军游击队。6 月上旬，国民党的福建省政府公然登报缉捕闽赣省委领导人。短短几个月内，闽北红军游击队损失 2000 余人。闽北红军"虎将"黄立贵，为掩护部队突围壮烈牺牲。

面对国民党当局的残酷"清剿"，以黄道为书记的闽赣省委坚持以民族利益为重，一面通令各地红军游击队保持冷静、避免与国民党军做正面冲突，以保存有生力量；一面派人恢复党在白区的工作，通过抗日宣传，揭露国民党当局屠杀红军游击队的罪恶，开展政治攻势，造成了强有力的社会舆论，迫使"清剿"军改弦更张。

这年 8 月 13 日，日军大举进攻上海。蒋介石迫于形势，先后将 3 个主力师撤出闽北游击区。黄道书记抓住这个有利时机，以闽赣省抗日军政委员会名义，多次致函国民党江西省当局，主动提出合作抗日的 3 项主张：一是同意将抗日红军改为抗日义勇军，并在划定的区域内实行抗日言论、集会、结社自由；二是要求允许和朱德、彭德怀通信，以求得中共中央的指示与领导；三是在谈判未确定之前，首先停止军事行动，停止打土豪。并希望江西省当局派代表前来谈判。

在中共闽赣省委的不断努力下，1937年10月初，国共双方代表在光泽县霞洋乡的大洲举行了谈判，双方达成停止军事行动，合作抗日的协定：闽赣省停止打土豪，改分田地为减租减息，将红军游击队改编为闽赣边抗日义勇军；江西省政府当局释放政治犯，提供红军给养和红军集结地点等。

在闽北三年游击战争实现第三次历史性转折后，闽北红军游击队迎来傲雪迎春到，高歌上抗日前线的大好时刻。这时正是1937年10月，中国共产党与国民党谈判达成协议，将南方8省边界15个地区的红军游击队改编为国民革命军陆军新编第四军（简称新四军），开赴皖南抗日战场，抗击日本侵略军。

这个历史"协议"指出，新四军创建阶段的指战员源于南方8省边界15个地区的红军游击队，而新四军全军将士大多是经过南方三年游击战争磨炼和考验的群体。由闽北红军游击队改编的新四军第三支队五团，是南方三年游击战争磨炼和考验群体的重要组成部分。

当年，闽北红军游击队奉命下山，先期在崇安县洋庄乡长涧源村集中，后开到江西铅山县石塘参加整编。在石塘，黄道书记为每位坚持三年游击战争的老红军战士发了银质"闽浙赣边区坚持斗争纪念章"，这是闽北游击区的骄傲和光荣。

在石塘整编时，中共闽赣省委为了扩大抗日队伍，直接为新四军输送更多的兵员，在闽北各地游击区掀起扩军热潮，广大青壮年积极响应闽赣省委的号召，踊跃报名参军参战，在很短时间内，部队发展到1500多人，并投入紧张的整编训练。

1938年2月9日，黄道受中共中央东南分局委托，在石塘镇一所学校召集五团营以上干部，举行就职典礼，正式宣布新四军军部的命令：闽北红军游击队改编为国民革命军新编第四军第三支队第五团，饶守坤为团队长，曾昭铭为副团队长（政委），参谋长桂逢洲，政治处主任刘文学。全团下辖3个营和1个机炮连，共1500多人。2月25日，石塘军民举行隆重的欢送大会，欢送新四军五团北上抗日。五团部队到达徽州岩寺时，接受了军部领导的检阅，叶挺军长赞扬："五团基本都是闽赣边过来的老红军战士，是很强的骨干力量，要好好学习锻炼，今后发展起来都是我军的优秀干部。"

　　这支长期在闽北坚持游击战争的部队到皖南前线后，不久进驻繁昌。这里是皖南的门户，保卫繁昌对整个东战场都具有重要的战略地位。日军于1939年数月内连续5次集中陆、海军进攻繁昌，均被英雄的五团击退，创造了5次保卫繁昌屏障的辉煌战史。特别是在皖南事变中，五团担负保卫军部的光荣重任，在数千顽军重重包围下，五团指战员发扬"一不怕苦、二不怕死"的革命精神，与国民党顽军血战到底，誓死保卫军部和叶挺军长，大多数同志为国捐躯，被称作铁的新四军。

　　黄道杰出的军事思想永放光芒！

（原载《福建红土地》）

黄道对闽赣边游击区形成与发展的卓越贡献

黄道，江西省横峰县人。在火红的土地革命战争时期，他与方志敏、邵式平被誉为"赣东北三杰"。

1931年7月，时任赣东北苏维埃主席团委员兼秘书长、特区委组织部部长的黄道，受方志敏委派出任中共闽北分区委书记，主政闽北革命根据地党政军全面工作，创建闽北革命根据地，包括福建闽北的崇安、浦城、建阳、邵武、光泽、建瓯、松溪、政和，江西的铅山、上饶、广丰、紫溪、贵溪、金溪，还有浙江的江山、庆元、龙泉边缘地带，纵横300余里，人口五六十万的广大地区。其间，黄道于1934年1月当选为中华苏维埃共和国临时中央政府执行委员。

1934年10月，中央主力红军长征后，福建和江西国民党的10万大军围攻闽北革命根据地，在黄道为书记的中共闽北分区委正确领导下，闽北分区党政军机关撤出大安，全面进入游击战争。

本文主要从黄道根据游击战争形势和特点，创造性地采取以闽赣边区为依托，挺进敌后，开辟新区，内线和外线结合，开展游击战争的总方针，在与中央失去联系，独立坚持，打造震撼闽赣边区的重要事件和重大战例的3个闪光点，概述黄道对闽赣边游击区形成与发展的卓越贡献。

闪光点一 坚定实行战略转移，打破敌人对闽赣边红军游击队的数年"围剿"，适时开展游击战

1933年9月，蒋介石调集百万兵力向中央苏区发起第五次"围剿"。闽北苏区与全国重点苏区一样，也是国民党军进攻的重点目标。1934年10月，国民党军重点部署在闽北苏区中心区域崇安的周围。年底，闽北苏区大片土地失守，与中央苏区的联系被切断。国民党10万兵力北从铅山、上饶，南从建阳，东从广丰、浦城，西由光泽、邵武，采取碉堡式推进、步步为营，不断收拢包围圈，形成对闽北苏区首府大安发起总攻的态势。就在此刻，闽北分区党内出现个别军事领导人，提出以红色堡垒对白色堡垒，死守大安的主张。

在这决定闽北苏区命运的紧急关头，黄道同志统揽全局，全面把握这种地区性战机，于1935年1月初，在大安召开的具有历史意义的分区委会议上，一方面以坚决态度，抵制军分区司令员李德胜死守大安的错误主张；另一方面应用毛泽东军事思想阐明关于中央红军主力长征后苏区形势已发生了变化，闽北红军早已失去固守苏区的条件，应当保存实力，主动撤出大安，依托闽赣边区，坚持游击战争的主张。会议通过了黄道关于实行战略转移的5个决策性的决定：1.闽北党政军领导机关随主力红军撤出大安；2.依靠武夷山为中心闽赣边开展游击战争；3.撤退已公开身份的干部，建立秘密的党和交通联系网，继续领导群众斗争；4.阻击国民党军，以保证领导机关安全撤退；5.通知各主力部队集中待命。

就在闽北分区委会议期间，国民党军第12师和独立第45旅已从铅山和崇安南北2个方向逼近。南线，敌45旅向崇安以北的四渡桥猛扑；北线，敌12师占领铅山以南的紫溪后，继续向车盘、分水关进犯，步步逼近。大安陷于敌包围之中。

1月25日，南面之敌已到小浆，与大安只隔一个山头。当晚，同志们集合在大安对面的河滩上，黄道以一个军事家的风度，发出宏亮而庄严的命令："同志们，今天我们就要撤出大安了。"一句话，打破了沉闷的空气，吸引住大家的注意力。接着，他又风趣地说："现在，我们一切都准备好了，地雷、换丝炮都装满了，敌人占领大安，除了迎接他们的地雷、换丝炮之外，什么也得不到。从今天起，我们要转入艰苦的游击战争，在闽赣边区的崇山峻岭中和敌人周旋。我相信，我们将会胜利地回到大安，我们一定会回来的！"

在黄道关于实行战略转移正确方针指引下，闽北分区党政军领导机关顺利转移到武夷山西北部闽赣边温林关下的坑口一线，开展游击战争。就在这时，闽北分区委接到中央电报，主要内容是：老苏区面前的任务是坚持游击战争，要实现由正规战到游击战的转变。要组织小分队，有计划地分散活动，环境有利则集合歼敌，不利又分散下去；要紧密联系群众，在群众中站稳脚跟；要占领山地，灵活机动伏击袭击，出奇制胜；要精简领导机关，派得力干部到地方去加强领导。它证实两点：一是中央指示完全符合闽赣边的情况；二是黄道关于以崇安为中心的闽赣边苏区实行战略转移，开展游击战争的军事思想和战略决策完全正确。

接到中央指示后，黄道同志结合闽赣边斗争实际又适时做出3点新部署：1. 决定在根据地中心区域的崇安，成立中共崇安中心县委，领导大安以东的崇安老区，大安以北上饶、广丰、铅山老苏区的斗争，并将大安西南的崇安、建阳老苏区划出，成立中共西南战区委员会，领导这一带的斗争。同时，闽北分区领导机关抽调三位有斗争经验的同志到邵武、广（丰）浦（城）、建阳加强领导；2. 决定完善党政军一体化的领导体制，领导机关进一步精简，压缩非战斗人员，充实战斗部队，各县党政领导机关也坚决进行精简，彻底执行轻装，以利于随县独立营行动，更加机动灵活，对付敌人的"清剿"，打击敌人，保护群众利益；3. 决定以分为主，能分能合，分散时能在闽赣边区范围穿插自如，必要时又能集中歼敌。就闽北红军独立师下辖的 4 个团，一、三团到江西铅山地区，二团留在崇安、广（丰）浦（城）地区，四团在建阳、邵武、光泽地区，配合各地党组织和游击队，开展游击战争。

以闽北为中心的闽赣边游击区，能在敌人重兵包围下很快转入游击战，顺利实现苏区到游击区的转变，这是黄道同志坚决、灵活执行中央指示，坚定实行战略转移决策的结果。

闪光点二　　主持召开黄龙岩扩大会议，为在闽赣边坚持开展游击战奠定基础

1935 年 8 月间，闽北分区机关和红军，经黄道周密的部署，已从崇安西北部坑口，有组织地转移到北部岚谷的黄龙岩山区隐蔽活动。

这时，国民党军对闽赣边红军"清剿"又一次升级，把闽、赣、浙、皖 4 省边区"清剿"总指挥部从南平迁到靠近崇安中心区的浦城，采取政治、军事、经济三管齐下，全面封锁。军事上，以 6 个师（旅）的兵力，分成"清剿""驻剿" 2 个部，把重点放在闽北分区领导机关和红军的主要活动区域崇安、铅山、浦城地区，并以崇（安）建（阳）浦（城）公路为封锁区域。政治上和经济上，采取移民并村，强化保甲制度，实行"十户连坐"的法西斯"连环切结"法。对粮食和盐等物资严格封锁，以切断红军同群众的联系，断绝物资接济，企图把红军游击队困死饿死。

　　面对新困境，黄道同志连续几夜没有合眼，时而找黄立贵、曾镜冰等商讨，时而独自思索。他思考最深的是生存和发展两大问题：1．生存问题：闽赣边红军游击队自从转入游击战以来，既要同疾病和饥饿作斗争，又要防止国民党军的袭击，早晚易地而处，行止动荡无常，生笋止饥，野菜充肠，生活之艰苦，远远超出常人难以忍受的程度。据统计，这一期间因饥饿疾病和战斗减员的人数不下 1000 人，其中县团级干部 20 多人。2．发展问题：闽赣边红军游击队从袭击上饶甘溪获胜得到一个启迪，敌人也有薄弱环节，即集中在苏区"清剿"，后方必然空虚，象甘溪这样一个大镇的白区，敌只有一个六七十人的民团，没有正规部队驻守。

　　经过深谋远虑，一个"以苏区为依托、挺进敌后，开辟新区，内线和外线相结合，开展游击战争"的设想，在黄道脑子里形成。1935 年 8 月，由黄道亲自主持，在崇安岚谷的黄龙岩召开了一次具有重要历史意义的闽北分区委扩大会，简称"黄龙岩会议"。出席的有黄道、黄立贵、吴先喜、曾镜冰、曾昭铭、卢文卿以及饶守坤、王助等党政军领导。会议肯定了分区委领导闽赣边红军游击队胜利实现由苏区斗争方式到游击区斗争方式的转变，高度评价大安会议、长涧源整编、三港整编等重要决定和措施，总结红军游击队在极其艰难条件下，积极开展游击战争，不断打击国民党军，极力保护群众利益的经验。在认清形势、总结经验、统一思想的基础上，通过了由黄道制定的"以革命老区为依托，保存有生力量，积极向外发展，开辟游击新区"的总方针。会上，黄道形象地解释这一方针说："敌人不让我们安安稳稳地待着，好！我们已跟敌人换换防，你搞到我的家，我也搞到你家里去！"会议最后形成三方面决议：一是在军事战略战术上，采取防御和进攻相结合，内线作战和外线作战相结合的方针，向敌后挺进，开辟游击新区，强调保存有生力量，尽量避免打硬仗，打消耗战，学会在分散的条件下，抓住有利战机，打击国民党军和地方反动势力；二是在政治上，实行"白皮红心"的两面政策，争取和多数保甲长、大刀会建立统一战线，集中力量打击少数顽固的敌对分子；三是在经济政策下，变打土豪为向土豪筹款，改分田地为减租减息。会议还做出联合闽东红军，共同对付国民党的决策。黄龙岩会议，是闽赣边党史上一次极重要的会议，是闽赣边游击战争的一个重要转折点，也是黄道同志卓越军事才能又一次生动体现，它为闽赣边游击战争掀开了新的一页。

会后，黄道同志亲自部署了三路打出外线、开辟新区具有全局性的军事行动：第一路为饶守坤、王助率领第1、3纵队进军闽东北，开辟了福建的建瓯、松溪、政和、周宁、寿宁、古田、屏南、南平以及浦城千仙岗以南，浙东的龙泉、庆元以西的广大游击区，打开了闽北与闽东红军联系的通道。闽北这两个纵队的人数，也由原来的600多人发展到1000多人。第二路为黄立贵师长亲自率领第2纵队，积极向邵（武）顺（昌）建（阳）地区挺进，开辟了将（乐）建（宁）泰（宁）游击区，建立了邵将泰和建泰县委，邵顺建县委相继建立了饶坝、贵溪、东游、华家山区委，使将建泰游击区连成一片，基本闽中游击区。第三路为吴先喜率领第4纵队挺进资（溪）光（泽）贵（溪）地区，迅速扩大到金溪、贵溪、光泽、资溪等县，共产党员发展到200多人，增设了4个区委15个党支部，成立资光贵中心县委，并将游击区扩大到抚东地区。由于分三路开辟新区的军事行动取得重大胜利，到1936年上半年，闽北根据地扩大到以崇安为中心，东至松溪、政和，西至金溪、资溪，南接将乐、泰宁，北达广丰、浦城，包括龙泉等26个县的广大地区，新局面已经打开。

在这大好时刻，黄道把握良机，于1936年4月率领黄立贵、吴先喜、曾镜冰等政和县洞宫山的仰头村与坚持在闽东斗争的叶飞同志举行具有重要意义的联席会议，双方在介绍情况、交换意见后，就成立闽赣省委取得一致意见。同年6月，闽北去的同志回到崇安岚谷后，黄道在黄龙岩主持召开闽北党政军领导干部会议，宣布成立中共闽赣省委，黄道任省委书记。会议决定将闽北根据地划分为闽北、闽东、抚东、闽中4个分区。这个时期是闽赣边三年游击战争的最好时期，根据地发展到26个县。纵横600余里，红军发展到6个纵队，达3000多人。

闪光点三　审时度势，促进区域抗日统一战线的形成

在闽赣边游击战争后期，黄道密切注视时局的变化。当收到吴华友寄回的中共中央1935年发表的《为抗日救国告全体同胞书上》和1936年做出的《中共中央关于抗日救亡运动的新形势与民主共和国的决议》等文件，并从一张包盐的废报纸上看到"西安事变"和平解决的消息后，黄道便敏锐地意识到国内外形势正在发生急剧的变化，即和省委其他领导成员研究分析了国内政治形势。1937年2月7日，在黄道主持下，闽赣省委做出了《关于开展抗日反帝斗争的决议》，号召"一切不愿作亡国奴的中国人，不论职业、团体、宗教信仰、政治派别，一致联合起来，共同进行抗日的民族革命战争。"1937年3月7日，成立了以黄道为主席，曾镜冰、曾昭铭为副主席的闽赣省抗日军政委员会。

1937年8月13日，日本侵略者大举进攻上海，蒋介石迫于形势，将"围剿"闽赣边老苏区的军队撤出，闽赣边国共武装对峙的形势渐趋缓和。黄道洞察形势，适时以闽赣省军政委员会的名义致函国民党地方当局，提出建立南方抗日民主统一战线的建议。不久，又通过光泽县长致

函国民党江西省政府主席熊式辉，明确表示"我们向以抗日救国自任，对救亡图存工作决不后人"。提出合作抗日的 3 点主张：一是同意将抗日红军改为抗日义勇军，并在划定的区域内实行抗日言论、集会、结社自由；二是要求允许和朱德、彭德怀通信，以求得中共中央的指示与领导；三是在谈判未确定之前，首先停止军事行动，停止打土豪，并希望熊式辉派代表前来谈判。在黄道不断努力下，1937年 10 月底，国民党江西省当局派江西第 7 保安副司令周中诚、光泽县长高楚衡为代表，与闽赣省军政委员会代表黄知真、邱子在光泽县霞洋乡的大洲村举行谈判，达成了合作抗日的协定。

1938 年 2 月，闽赣边红军游击队在江西铅山县石塘镇集结整训，改编为新四军第三支队第五团，下辖 3 个营 9 个连和 1 个机炮连，1500 人。是时，黄道同志送别五团指战员上前线，与曾镜冰等亲密战友话别后，前往南昌任中共新四军分会委员兼新四军驻赣办事处主任。不久，黄道担任中共中央东南分局委员、宣传部部长、统战部部长等要职。

这支由闽赣边红军游击队改编的新四军第三支队五团，在抗战史上谱写的"五次繁昌保卫战"和皖南事变中"血战东流山"誓死保卫军部的 2 个精彩亮点，从政治与军事意义上，生动体现了闽赣边红军游击队改编的新四军五团，不愧是一支忠于新四军和叶挺军长的英雄团队。

1938 年 2 月，中共中央东南分局决定撤销中共闽赣省委，成立中共闽浙赣特委。同年 6 月，根据东南分局指示，原属闽北管辖的江西省部分县党划归江西省委。闽浙赣特委（即闽北）和闽东特委合并成立中共福建省委。

至此，江西省的上饶、广丰、铅山、金溪、紫溪、贵溪县的党组织和红军游击队，从 1930 年土地革命战争初期到三年游击战争时期，再到抗战初期的 1938 年 6 月，由黄道等培育和建立的闽赣边区党组织和红军游击队的隶属关系才中止联系。闽赣边区党组织和红军游击队长期并肩战斗的光荣传统，将载入南方三年游击战争和新四军的史册。

（原载《福建红土地》）

黄道在大洲谈判中的四个杰出贡献

地处闽赣边界黄岗山北麓的闽北光泽县寨里镇大洲村，是闽赣边三年游击战争一个隐蔽战略基地，也是闽赣边国共和谈的地点。

大洲谈判，是发生在抗日战争时期闽赣边区地区性的国共和谈，是这一时期中国共产党领导下全国一系列国共和谈的重要组成部分。大洲谈判对闽赣边区具有重要历史意义和战略意义，它不仅是闽北国共合作的里程碑，也为闽北新四军五团打造了一条从三年游击战争转入抗日战争的光辉之路。时任中共闽赣省委书记黄道在大洲谈判中发挥了举足轻重的作用，做出了杰出的贡献。

一是纵观风云建立谈判基础。1934年10月，中央主力红军长征后，闽北党组织和红军游击队与党中央失去了联系，国民党军队和地方保安团联合行动，采取重重封锁和武装围剿的方式妄图消灭闽北红军游击队，闽北游击区进入最艰难的时期。1935年8月，黄道在武夷山岚谷乡黄龙岩主持召开闽北分区委扩大会议，做出了"开辟游击新区"和"建立广泛的统一战线"等具有历史性和战略性意义的决定。经过1年多的艰苦工作，到1936年下半年，闽北游击区扩大到以崇安为中心，东至松溪、政和，西至金溪、资溪，南接将乐、泰宁，北达广丰、浦城，包括龙泉、庆元、江山闽浙赣3省边区26个县的广大地区，闽北红军独立师由原来的4个纵队发展到6个纵队，迎来了闽北三年游击战争中最好的时期。

1937 年 1 月，黄道获得"西安事变"和平解决的消息后，立刻敏锐地意识到，国内形势正发生急剧变化。2 月 7 日，他亲自起草了中共闽赣省委《关于开展反帝斗争的决议》，号召"一切不愿作亡国奴的中国人，不论职业、团体、宗教信仰、政治派别，一致联合起来，共同进行抗日的民族革命战争。"同月，黄道收到吴华友从香港寄回的中央印发的《为抗日救国告全体同胞书》《关于抗日救亡运动的新形势与民主共和国的决议》等宝贵文献后，立即组织中共闽赣省委县团以上干部进行学习讨论。在干部会议上，黄道灵活引用列宁有关"革命的妥协""以退为进"等理论观点，纠正了一些同志认为"国共合作只有一次"的片面看法，统一了党内的思想认识，为举行大洲谈判，促进抗日统一战线在闽北的实现奠定了思想基础。

二是呕心沥备策划谈判方针。1937 年 3 月 7 日，在黄道主持下，中共闽赣省委成立了"中华苏维埃共和国闽赣省军政委员会"，黄道亲任主席，曾镜冰、曾昭铭任副主席。其时，黄道以闽赣省军政委员会名义发布训令，真诚号召闽赣边人民"有力的出力，有钱的出钱，有枪的出枪，都参加到反日阵线上去"。此外，为顺应时局发展，他提出在政策上实行"五个"转变：1. 对一切知识分子，只要不是反动头子都加以保护，并吸收其加入反日阵线。2. 对小工商业应加以保护，对较大的商家也只能向他们筹款。3. 对于富农也不应捉来罚款或强迫捐款。4. 对小地主，只要能同情反日，民愤不大，自动捐款的，可不没收其财产。5. 对俘虏来的白军下级军官，应进行反日宣传，并释放回去。随后，又接连向江西、福建两省国民党当局发出"停止内战，联合抗日"的紧急呼吁。但是，当时的闽赣两省国民党当局对以黄道为首的中共闽赣省委提出的通过谈判，求大同，存小异，达到联合抗日的呼吁置之不理，依然顽固坚持剿共政策。"八一三"事变后，国内局势骤变，"清剿"闽北红军的国民党第3师、75师、76师等被调往抗日前线，在这种情形下，国民党江西省当局才有了与中共闽赣省委接触谈判的意向。黄道抓住这一有利的时机，于同年9月及时致函国民党江西省主席熊式辉，再次申明"在谈判未确定之前，我们令所属部队首先停止军事行动，停止打土豪"，要求国民党地方当局允许中共闽赣省委与朱德、彭德怀通信，以获得中共中央的指示和领导，并希望国民党江西省主席熊式辉派代表前来谈判；同时写信给八路军驻南京办事处主任叶剑英，向中央请示关于举行国共谈判、合作抗日的事宜。在风起云涌的全国抗日斗争影响下，在以黄道为代表的闽赣省军政委员会的不断努力下，国民党江西省地方当局终于同意在大洲举行谈判。

三是知人善任选择谈判代表。黄道的长子黄知真，1920年出生，11岁参加革命，13岁入团，15岁入党。他是在父亲黄道的引领下走上革命道路的，有红孩子之称。黄知真在闽北苏区时期，曾任闽北分区儿童局书记，闽北军分区政治部宣传部副部长等职，为闽北根据地的儿童工作和文化教育活动，做了许多具有创造性的工作，受到闽北根据地军民的喜欢和赞扬。

1937年9月初，在大洲谈判举行前夕，中共闽赣省委召开会议研究指派谈判代表人选。国民党当局虽同意谈判，但其真实意图并不明确，谈判存在很大的危险性和欺骗性，因此谈判代表人选必须慎之又慎，既要有一定的"分量"以显示我方诚意，又要沉稳且有一定机变能力。此时，黄道以革命家的胸怀，提出指派他的长子黄知真（当年只有17岁）和闽北分区教导大队大队长邱子明两位同志为谈判代表。但是，大家考虑到黄道的妻子和另外几个子女在第四次反"围剿"期间都已失散，下落不明，黄知真是黄道身边唯一的亲人，不赞成派黄知真参加如此危险的谈判。黄道却从建立抗日统一战线、促成闽赣边国共谈判的大局出发，一面对大家的同情和理解表示感谢，一面认真耐心地解说道：正因为这次谈判有危险性，才让知真去，知真去，既能代表我，又能表示我方的谈判诚意。经过黄道一番动情的劝说，大家终于赞成了黄道的提议。

黄知真、邱子明接受任务，动身去谈判时，黄道亲自送行，并再三叮嘱他们说：按照省委确定的谈判方针办，遇到重大问题把握不准，要坚持原则，要沉住气，要请示。

黄知真、邱子明也确实不负黄道和闽赣省委各位领导的重托，他们在大洲谈判桌上，遵照闽赣省委确定的谈判方针和原则，不畏经验老到的国民党代表，坚守共产党干部的气质，开展了有理有节的谈判斗争。

1937 年 10 月 1 日，正值金秋时节，宜人的气候给谈判带来了和谐的氛围。这天上午 8 时许，国民党江西地方当局的谈判代表江西省第七区保安副司令周中诚、国民党光泽县县长高楚衡来到大洲村谈判会场。国共双方代表分别阐明各自的观点、条件和要求后，双方就停止内战，合作抗日，释放政治犯，闽北红军游击队集结地点、时间、军需供应，改编及番号，以及国民党当局为中共闽赣省委派往中央汇报工作的代表提供安全保证等问题相互交换意见，形成合作共识后，初步达成联合抗日协议。

四是亲自出马拍板谈判条文。经过为期一周的协商，双方初步拟定了协议条文，分对方和我方 2 个部分。对方接受 3 个条件：1. 停止内战，一致抗日。2. 释放政治犯。3. 划出江西省铅山县为我军集结、驻防地点，负责集结期间我军的粮秣、军需供应，保证我方派出一名负责同志向党中央请示工作途中的安全。我方同意 3 个条件：1. 停止打土豪、分田地。2. 停止建立苏维埃政权。3. 闽北红军游击队改编为"闽赣边区抗日义勇军"。获悉双方已达成的共识后，闽赣省抗日军政委员会主席黄道、副主席曾镜冰决定亲往大洲对协议内容进行审核。

几天后，黄道和曾镜冰等就到达了大洲谈判驻地。黄道亲自与国民党方面谈判代表见了面，并代表闽赣省欢迎他们，表示同意已达成的协议，希望双方信守诺言，竭诚合作。周中诚则代表国民党方面做了发言，表示回去后将尽快向国民党江西省政府报告，协议一获批准，就通知我方。

中共闽赣省代表曾昭铭赴南昌，见到陈毅同志，带回了中央指示。随后，黄道、曾镜冰在闽赣边界温林关下，与负责铅山防务交接的国民党江西省政府联络官吴仰山见了面，确定铅山县石塘镇为我军整编驻防地点，并细谈有关交接和军需供应等事宜。

石塘位于铅山县南部，南靠闽赣两省分界地的武夷山，北临信江和浙赣铁路，是铅山县的商业重镇，也是闽北的一个重要苏区。1937 年 11 月，坚持在闽赣边大山里与敌人斗、与天地斗的闽北红军游击队下山后，集中在崇安县洋庄乡坑口的长涧源村，然后从长涧源村出发开赴石塘镇参加整编。长涧源村是闽北红军游击队的集中地，石塘镇是闽北红军游击队的整编地。张云逸、黄道、曾镜冰、饶守坤、曾昭铭等新四军和中共闽赣省领导齐聚石塘镇，共同领导闽北红军游击队的整编工作。

闽北红军游击队在石塘镇参加整训时，黄道给每个战士颁发了一枚"闽浙赣边区坚持斗争纪念章"。大家像离家多年的同胞兄弟一样，一双双枯瘦的大手，紧紧地握在一起，激动的泪水顺着脸颊无声地流淌。在艰苦卓绝的三年游击战争中坚持下来的闽北英雄儿女，终于迎来了高歌上前线历史性的节点。与此同时，黄道、曾镜冰等领导在闽赣边开展征后工作，动员青壮年参军。其中尤以崇安、上饶、铅山、横峰、广丰一带青年最为踊跃，他们胸怀报国志，纷纷响应，积极报名，到处是一片送子参军、送郎当兵的热烈气氛。到 1937 年年底，闽北红军游击队扩大到1500 多人。

1938 年 2 月 9 日，黄道受中共中央东南分局委托，召集五团营以上干部，在石塘镇一所学校举行就职典礼，正式宣布新四军军部的命令：闽凝练军游击队改编为国民革命军新编第四军第三支队第五团，饶守坤为团队长，曾昭铭为副团队长（政委），参谋长桂逢洲，政治处主任刘文学。下辖3 个营和 1 个机炮连。2 月 25 日，石塘街的河滩上人山人海，人们敲锣打鼓，鸣放鞭炮，欢送新四军第三支队五团北上抗日。从各乡赶来欢送的群众站满了街道两旁，他们有的端着茶水，有的拿着食品往战士手里塞，许多百姓含着热泪，呼唤着战士们的名字，依依不舍地送别自己的亲人。这支由闽北红军游击队组成的抗日武装告别了患难与共的父老兄弟，唱着雄壮的《义勇军进行曲》，浩浩荡荡地离开了石塘，奔赴硝烟弥漫的皖南抗日前线。

至此，闽北红军游击队改编为新四军第三支队五团，顺利完成了从三年游击战争过渡到北上皖南抗日的历史性的转折。

（原载《福建党史月刊》）

黄道爱人陈清凤的传奇人生

　　陈清凤（曾用名陈金凤），黄道爱人，江西上饶县人。1914年12月出生，1926年4月参加革命，1927年参加中国共产党领导的游击队，1928年编入中国工农红军，1930年1月加入中国共产党。历任闽北分区崇安独立营看护长，中共闽北分区委机关总支书记、组织部部长等职，中共闽赣省委妇女部长及机关总支书记，新四军驻赣办事处文书，中共东南分局机关党支部书记兼妇女部委员、巡视员、特派员。曾在福建邵武县竹鸡隆区与反动大刀会作战中英勇负伤（二等乙级残废军人），受到崇安县独立营的嘉奖。闽北三年游击战争中，在黄道书记的领导下，陈清凤与战友们一起，多次粉碎国民党军的"围剿"和封锁。在抗日战争中，积极做好党的组织工作和妇女工作，带领群众切断敌人的通讯电线，拆除、烧毁日伪军修筑的竹篱笆封锁线。1945年8月抗日战争胜利后，奉命留守茅山地区，从事党的地下工作，任茅东县天湖乡党支书、乡长。1949年4月金坛解放后，先后担任直溪区公安特派员，县妇联委员，县工作组组长，县法院审判长，县贫协委员，建昌公社贫协主任，县第一、二届政协委员。1982年8月离职休养，享受厅局级政治、生活待遇，2000年11月起享受副省级医疗待遇。在半个多世纪的风雨春秋、艰难岁月的历程中，她始终忠于党，忠于人民，忠于革命。陈清凤的一生光明磊落、清正廉洁、无私奉献的一生。她的一生充满传奇色彩，现择其人生的传奇经历介绍如下，以飨读者。

1914 年 12 月，陈清凤出生于江西省上饶县五府山船坑扁担湾贫苦的工人家庭。她的童年是在苦水里泡大的。在半封建半殖民地的旧中国，帝国主义的疯狂掠夺、地主豪绅的残酷剥削、封建军阀的横征暴敛之下，广大工农群众生活在水深火热之中。1923 年，陈清凤随父母从江西省上饶县船坑乡扁担湾村翻过五府山岭来到毗邻的福建省崇安县，为生存在洋庄乡坑口车盘坑村孟家湾、竹坪的资本家造纸厂做童工，后在坑口王家坪的地主纸厂做工，饱受了资本家、地主的压迫和剥削。

闽北是革命开展较早的地区之一。1919 年爆发的"五四"运动波及闽北。1926 年夏，中国大学学生杨峻德等受党的委派回闽北开展建党工作，7 月建立了中共建瓯支部。同年 11 月，北伐军第二军第六师由师长戴岳、副师长朱跃华、党代表兼政治部主任肖劲光（共产党员）率领由江西进入闽北，在崇安、建阳、邵武、建瓯、浦城等地发动和组织群众，宣传"减租减息""耕者有其田"的革命主张，号召人民群众团结起来。打倒帝国主义、打倒军阀、打倒贪官污吏、打倒土豪劣绅。这些鼓舞人心的口号，都深深地激发了闽北人民的革命热情。在北伐军支持下，闽北的工农运动迅速在各地开展起来。成立了工会、农民协会、学生联合会、妇女解放委员会、儿童团。革命的火焰燃遍武夷山麓的百里乡村，此时陈清凤怀着对资本家、地主的深仇大恨，参加了崇安县洋庄乡坑口车盆坑的民众革命运动，担任王家坪、竹坪、王家前三村儿童团长，带领儿童团员站岗放哨，配合暴动队开展活动，参加打倒土豪劣绅和资本家的斗争。在行动中敢讲敢斗敢冲，表现了一位少女的勇敢与智慧。

1927 年 4 月 12 日，蒋介石背叛革命，大肆屠杀共产党员和革命群众。陈清凤不畏艰险，坚定革命信念。1927

年7月，中共崇安特别支部成立。同年9月，陈清凤加入共产主义青年团，积极参加并组织农友开展抗捐抗税斗争。这年10月10日，崇安倒县2000多名农会会员在县城集会游行，捣毁心毒手狠、欺压百姓最甚的崇安四大家庭之一的万钟棋。这是崇安人民在党的领导下展开的第一次大规模革命行动，狠狠地打击了土豪劣绅的威风，提高了农会的威信。是年11月，崇安党组织又参加了崇浦边区1000多造纸工人为提高工资、反对吃浸水米、实行8小时工作制的罢工斗争。这是我党领导下闽北工人举行的第一次大规模罢工斗争。这两次斗争的胜利锤炼了陈清凤。

崇安是闽北革命根据地的中心。当年崇安苏区的土地革命中流传着这么几句歌词：

> 土地革命，工农兵。
> 男女革命，自己争。
> 男人革命，女帮助。
> 革命成功，享太平。

处于少女时代的陈金风积极投入轰轰烈烈的土地革命运动，在坑口车盆坑参加了共产党领导的游击队；随后担任崇安县妇女部副部长、建阳县妇女部部长和邵武县妇女部部长。她在崇安组织妇女慰劳队、抬伤员，慰劳烈军属。她还深入建阳和邵武做白区工作，打入敌人内部，瓦解敌军。1929年底，中国工农红军第五十五团在崇安岚谷黄龙岩正式成立，下辖3个营，共10个连，有500余人。次年6月，红五十五团发展到12个连，共1500余人。陈清凤任闽北红军崇安县独立营看护长，负责做护理伤病员的工作。1929年4月，崇安独立营在福建省邵武县竹鸡隆区同敌人进行了激战，陈清凤英勇杀敌，奋不顾身救护伤员。

战斗中，陈清凤的背部和脚踝被敌人子弹打穿，昏倒在阵地上。战后，部队在打扫战场时发现她倒在死人堆里，背上、腿上全是血，已危在旦夕，战友们第一时间把她送到红军医院抢救，才脱离危险。1930年1月，陈清凤光荣加入了中国共产党。在鲜红的党旗下，陈清凤庄严宣誓：努力革命，为共产主义奋斗终生，永不叛党。在党的教育和培养下，她迅速成长为一位出色的中层女干部，她一心扑在革命工作上，为闽北根据地的妇女工作做了许多有影响的组织和领导工作。1930年10月闽北红军主力被调往赣东北，闽北苏区武装力量大为减弱。不久，国民党以钱玉光旅为主力，及江西汤恩伯一部大举进攻以崇安为中心的闽北苏区。留守崇安的红军虽英勇奋战，但因敌众我寡，闽北苏区大片丢失，党组织和红军不得不退守到武夷山西北部的几十个大小村庄。这期间，陈金凤勇于战斗，不怕艰苦，不怕牺牲，多次出色完成上级交给的任务。

1931年7月，与方志敏等共创赣东北根据地的黄道从赣东北调闽北，任中共闽北分区委书记，加强闽北根据地党政军的领导工作。这时期，闽北分区党政军机关设在崇安县的大安街，大安为闽北苏区首府。青春年华的陈清凤，被调到闽北分区委担任机关党总支书记、组织部部长等职。当年的闽北苏区，在黄道书记的坚强领导下，于1931年下半年至1934年上半年，打造了一个政治、军事、经济、文化建设的大发展时期。陈清凤一方面加强学习，提高政治文化水平，另一方面努力搞好工作。她和同志们一道深入群众中间，积极组织生产突击队、模范队、冲锋队，通过苏区工会、互济会、反帝大同盟等群团组织，发动群众掀起建设根据地的热潮，通过妇女生活改良委员会，把获得人身解放的苏区妇女组织起来，参加劳动，既解决苏区劳力缺乏的困难，又使广大苏区妇女认识到自己获得解放的巨大力量，自觉为革命进行更为坚决的斗争。陈清凤还把启发妇女的革命意识工作扩大至白区妇女中去。

为了改变闽北苏区文化落后的状况，闽北分区委大力创办了补习夜校、列宁读书班、儿童小学，以及工农剧团、俱乐部、拳术会等群团组织。闽北分区要求在1932年7至11月的5个月中"解除三千人以上的文盲……增加一百个劳动小学，建立了一百个真正名副其实的俱乐部"，"一个赤色师资学校"。这期间苏区各地普遍建立了列宁学校，大安创办了列宁师范学校。同时，在各区苏、乡苏普遍设了工农识字班、识字站。妇女生活改良委员会还有计划地开办妇女训练班。为了使群众的文化水平有较大的提高，陈清凤积极投入，不辞辛苦，做了许多富有成效的工作。此时的陈清凤在思想、政治、工作上彰显出色才干，成为闽北分区委机关女性群体中一位突出的人物。

1933年，由于党内"左"倾路线的影响，闽北苏区肃反名单有黄立贵的名字，她深知黄立贵是一位英勇善战的师长，多次找黄道书记交谈对"左"倾路线肃反工作的看法。在黄道书记亲自关怀下，保护了黄立贵师长，也保护了大批革命干部。黄道书记开始从内心喜欢上陈清凤的人品和才华。1934年10月，中央主力红军长征后，黄道奉命留在闽北坚持游击战争。此时，国民党调动10万敌军从四面八方进攻闽北苏区首府大安。在黄道书记正确领导下，闽北党政军机关撤出大安，依托武夷山，依靠人民群众，开展游击战争。陈清凤坚决跟随黄道书记为核心的红军游击队，在闽赣边区坚持艰苦卓绝的三年游击战争。1935年是闽北游击战争最困难的一年。敌人在根据地周围建立了无数条封锁线和无数个据点，并采取移民并村办法强迫群众到据点去住，企图困死红军。这一年的寒冬红军过着饥寒交迫的生活，有的同志竟被活活冻死、饿死在武夷山上。

1935 年 3 月，闽北军分区司令员李德胜经不起艰苦斗争的考验，在崇安桐木关的三港叛变投敌，并带领国民党兵搜山，残酷杀害来不及撤退的闽北红军医院伤病员。在黄道书记的指挥下，陈清凤立场坚定、旗帜鲜明，在三港阵地召开党支部会议，紧急动员党员同叛徒作斗争，并指挥便衣队、挨丝炮队，在敌人必经的要道埋上地雷，在山道两旁垒石头，用土办法击退叛徒李德胜引来的国民党追兵，确保了闽北分区委机关和部队不受损失。1936 年 6 月，以黄道为书记的中共闽赣省委在崇安县岚谷的黄龙岩成立，陈清凤被提升为中共闽赣省委机关党总支书记、妇女部部长，直接参与闽赣省委的重要会议和军事行动，并被黄道书记带在身边当助手。

傲雪迎春到。1937 年 10 月，国共两党达成协议，将南方 8 省 14 个地区的红军游击队改编为国民革命军陆军新编第四军（简称新四军），闽北红军和游击队奉命下山参加整编，改编为新四军第三支队第五团，投入抗日战争。在闽北革命获得重大转机的时刻，陈清凤和黄道由革命友情发展为革命爱情，经党中央批准，陈清凤与黄道在江西省铅山县石塘镇结婚，结为革命夫妻。

1937 年 11 月，陈清凤与黄道住在石塘整编驻地。为了闽北红军游击队顺利改编为新四军第三支队五团，陈清凤全力协助黄道书记，日夜加班找干部战士谈心，做了大量的思想工作和宣传工作，直到 1938 年 2 月闽北红军游击队离开石塘开赴皖南抗日前线。此时，新四军军部发布命令，在福建崇安县坑口的村头村设"新四军第三支队崇安留守处"，主任曾镜冰，副主任汪林兴。这个留守处公开任务是：1. 密切与新四军各地办事处的联系。2. 密切与新四军军部的联系，接待军部同地方的来往干部。3. 与国民党政府交涉新四军北上以后留在地方的事宜。4. 宣传和发动群众参加抗日。5.继续收编失散在各地的红军游击队人员。留守处有9位女红军，陈清凤、缪敏（方志敏夫人）、徐莲娇（新中国成立后为南京市政协副主席）等。陈清凤在此工作期间，为留守处做了大量的组织和宣传工作，受到曾镜冰主任的高度评价和肯定。

黄道任中共东南分局委员、中央军委新四军分会委员、宣传部部长和统战部部长，新四军驻赣办事处主任后，陈清凤随黄道调南昌担任中共东南分局机关党总支书记、妇女部委员和新四军驻赣办事处文书。陈清凤一面协助黄道处理文书信件，一面做统战工作，动员青年参加抗日参加新四军。陈清凤在黄道身边夙夜在公，既勤奋工作，又对黄道的生活百般关照，被称是黄道的亲密战友、贤内助，受到中共东南分局领导的称赞和表扬。1939年4月中上旬，陈清凤跟随黄道陪同周恩来视察三战区，在上饶等地日夜忙于处理新四军后方事宜和抗日宣传等重大任务，黄道因工作劳累过度而患病，住进江西铅山县河口镇大同旅社。5月23日，国民党第三战区特务买通医生，趁给黄道治病之机，注射毒药针剂，害死了黄道。此时陈清凤已怀孕，从黄道被害现场到参加河口的悼念活动，从河口到崇安县长涧源村安葬，陈清凤自始至终以极其悲痛的心情守候黄道遗体的身边，表达了她对黄道深厚感情和真诚的革命情谊。

1939年6月3日，黄道追悼会在铅山河口隆重举行，曾镜冰同志代表福建省委主持追悼会，陈丕显同志代表东南局和新四军前往参加并致悼词。根据中共东南局的指示安排，由陈丕显同志把怀有身孕的黄道夫人陈清凤和黄道儿子黄知真、黄知琛接到皖南新四军军部。陈清凤住在安徽泾县丁家山云岭镇白果树村，仍任中共东南局机关总党支书记、妇女委员，并兼任新四军军部党训班组织干事。她在白果树村住了几个月后，根据形势的发展，新四军军部会议决定，党训班同志提前毕业，一部分回原地工作，一部分巩固抗日根据地，还有一部分发展新四军。此时，组织决定陈清凤以中共东南局巡视员、妇女部特派员的身份，派到陈毅领导的茅山抗日游击根据地工作。陈清凤在党组织的领导下，团结同志，依靠群众，有组织、有计划地开展党的建设、政权建设和扩大新四军等项工作，发展了抗日力量。农历1939年年底（公历1940年元月），陈清凤在茅山革命根据地（茅东县含金坛县一部分地区）生下女儿黄知慧。

1945年8月日本战败投降。10月，江南新四军主力按照中央指示北撤，陈清凤奉命留守茅山地区从事党的地下工作，兼任中共茅东县天湖乡党支部书记和乡长，在杨家舍、十字沟和三郎庙一带，参加和领导地下党和秘密联络交通站的工作，直到1949年3月，为保持和发展茅山革命根据地做出了积极的贡献，受到上级党的充分肯定和称赞。

1949年4月，毛泽东、朱德发表向全国进军的命令。在人民解放军渡江南下前夕，陈清凤在茅山（含金坛）地区，发动和组织干部群众，破坏敌人的交通线和通信设施，瓦解国民党地方武装，缴获国民党自卫团的枪支弹药，为接应大军南下解放金坛地区扫清了障碍。4月24日，金坛地区解放，陈清凤组织人员将缴获的枪支弹药如数送到中共金坛县委办事处，受到解放军和金坛县委的高度称赞。

"文革"中，陈清凤遭受迫害，但丝毫没有动摇她对共产主义的信仰、对党和人民事业的忠诚。她坚持实事求是，对错误路线进行了不屈不挠的斗争。1979年和1982年，中共金坛县委坛发〔1979〕142号和坛发〔1982〕155号文件撤销了原金坛县革委会对陈清凤的错误结论与处理决定。中共金坛县委〔1979〕142号文件决定："根据党的老干部政策精神，经县委研究，报请中央镇江地委组织部批准，恢复陈清凤同志的党籍，党龄从1930年入党时算起，工资从1979年1月份按行政十七级发给。"1981年至1986年，陈清凤为金坛县第一、二届政协委员，她积极向县委、县政府反映社情民意，提供切实可行的建设性意见。

1982年8月，陈清凤离职休养，享受厅局级政治生活待遇。2000年11月起享受副省级医疗待遇。离休后，她仍然关心当地经济社会发展事业，继续发扬党的优良传统，经常到机关、企业、学校作革命传统教育报告，还担任了多所学校的校外辅导员，教育青少年珍惜美好时光，努力学习，健康成长。陈清凤是一个工人的女儿，人民的女儿，她坚定地跟着中国共产党走过了七十多年的风雨历程，参加了第一次国内革命斗争、第二次国内革命战争、抗日战争、解放战争和社会主义建设，把一切献给了党和人民的伟大事业。2004年1月28日，陈清凤同志在江苏金坛市病故，享年91岁。

（原载《江西铁军纵横》）

黄道河口蒙难闽北安葬

闽北革命根据地创建于 1930 年 5 月。黄道同志于 1931 年 7 月，从闽浙赣根据地调任中共闽北分区委书记。从 1935 年 2 月之后，他以卓越的军事才能，独立支撑闽北和闽赣省三年游击战争，直到开创闽赣省抗日救亡运动新局面，成为"东南半壁江山"一旗帜。黄道同志主持闽北和闽赣省革命斗争前后 8 个春秋，心里时刻装着闽北人民。闽北人民心里也时刻想着黄道。

1938 年 1 月，根据国共谈判协议，南方 8 省 15 个地区红军游击队分别开赴指定地点集中整编。2 月间，黄道苦心保留下来的闽北红军游击队集中在江西铅山县石塘镇参加整编时，黄道给每个干部战士分发了一枚"闽浙赣边区坚持斗争纪念章"，代表东南分局和新四军军部宣布整编命令，传达党中央的重要指示。接着，黄道亲自陪送朝夕相处的五团指战员到横峰上火车开赴皖南抗日前线。之后，他身负重任到南昌担任中共中央东南分局委员兼宣传部部长和统战部部长，其公开的职务为新四军驻南昌办事处主任。

随着时局的逆转，国民党顽固派在闽浙赣边区制造了一桩桩反共惨案，并密谋陷害领导抗战的我党我军将领。黄道成为国民党的眼中钉。

1939 年 4 月 1 日黄道在金华，时逢周恩来从皖南来到金华，要去国民党三战区司令部所在地上饶和国民党江西省政府所在地吉安。周恩来要黄道同去上饶和吉安。他陪周恩来去后，返回时途经铅山县河口，因身体不适，住进河口大同旅社治病。5月23日，国民党顽固派终于伸出了罪恶的毒手，趁黄道在此治疗的机会，收买医生，在打针时暗中毒害了他。黄道蒙难的消息传到闽北时，武夷山的劲松在晃动，溪水在沸滚，革命老区武夷山人的心在燃烧。

杀害黄道的国民党顽固派，一面假心假意送花圈和挽联；一面却扬言不让黄道遗体在江西安葬。闽北老区广大干部群众知悉一切后，真是怒火冲天，当即向福建省委、东南分局和新四军军部提出，让黄道遗体运来闽北安葬。新四军军部满足了闽北老区干部群众的要求，决定将黄道遗体葬在他长期领导过革命斗争的崇安县坑口的长涧源村。

坑口的长涧源村与中共福建省委机关和新四军三支队崇安留守处驻地只隔3华里，村庄的正面是开阔的田野，背面是青山绿林，四周是崇山峻岭，峰谷连绵，北出温岭关便是江西铅山县境内。这里的党组织和干部群众根据上级党委的安排，紧张有序地行动起来。一面自愿献出保存多年的寿材，挑选4位有经验的木工，日夜赶制一具最大的棺木；一面经群众公决，将他们认为最好的一块"风水地"，让给黄道作为安葬之地，并指定有经验的土工，赶挖墓穴，建造坟墓。

接着，选派几十位身强力壮的人员抬着棺木，专程到铅山县河口镇接迎黄道的灵柩。长涧源距河口百余里，大多为山间小道，其间要翻越一道温岭关，此关是武夷山脉八大要隘之一，群山环抱，地势险要，行走十分不便。他们凭着对黄道的一片忠心，披星戴月，日夜兼程，于6月3日赶到河口接灵。6月4日，黄道灵柩离开河口。

当黄道灵柩踏上返回闽北老区的路程，这几十位人员发扬出大力、吃大苦的精神，翻过一山又一山，越过一关又一关，有组织地轮番肩抬，宁愿自己多流汗，不让黄道灵柩受摇晃，确保了黄道灵柩平平安安向闽北老区走来。

　　黄道灵柩到达温岭关口时，坑口一带数十名干部群众徒步到 20 里外的关口迎灵。人们见到黄道灵柩时，含泪跪在灵柩两旁，一边大声痛哭悲伤不止，一边大声痛骂国民党反动派毒害黄道的滔天罪行。沿途群众见黄道的灵柩经过，也都挨门挨户自发进行跪灵与路祭。

　　6 月 6 日，黄道的灵柩抵达长涧源村。中共福建省委和闽北特委在此为黄道同志设立灵堂，中共中央东南分局代表陈丕显，福建省委和闽北特委领导曾镜冰、王文波等，黄道的妹妹及儿子参加守灵。当地干部群众数百名参加悼念。悼念进入高潮时，省委领导同意了人们的再三请求，揭开棺盖让在场的同志最后瞻仰一下黄道的遗容。

　　出葬的那天，村里村外的群众纷纷赶来。出葬时，长涧源村庄的两旁挤满了人，送葬队伍越走越长。愤怒的火，复仇的火，在每个人的心中燃烧。这哪是送殡的行列，分明是不屈不挠的老区人民在进行抗日反顽示威游行。

　　殡葬时，按照这里古老的风俗习惯，点了香，烧了纸，人们都垂下了头，沉痛哀悼可亲可敬的革命家。在场人们的肩头在抽搐，许多曾与黄道朝夕相处并肩战斗过的干部战士号啕恸哭，鞠躬致哀，表示他们的深切哀悼。最后，人们在黄道同志的坟墓旁种下了两行整整齐齐的松柏，祝愿黄道烈士的革命精神万古长青。1941 年 3 月，国民党顽军大举进攻坑口村时，福建省委机关已转移到江西上饶县禹溪的金竹排村建立隐蔽基地。顽军进攻坑口村扑空后，便对坑口地区的群众进行残酷的迫害，有 30 多个自然村毁于兵燹。与此同时，敌人将黄道的坟墓掘开，抛尸山间，以此发泄对共产党的仇恨；具有光荣革命传统的闽北老区人民没有被压服，人们冒着坐牢和杀头的危险，于当于四处寻拾黄道的忠骸，一件件收敛起来重新安葬。为此，陈毅同志 1943 年在《悼念黄道同志》一文的《附记》中，严正质问国民党反动派："据闽北党报告，皖南事变以后，国民党军队进入闽北山区。搜山时，竟将黄道同志的坟墓撬开，断其首以去。哼！反动派勇于对内报复精神，可谓登峰造极！我必须在此补上一句，请国人公判：这究竟是反动派的胜利，还是共产党员黄道的胜利！"

从 1939 年 6 月黄道遗体葬于此地，其间经历了抗战和解放战争时期，至 1949 年 5 月，前后共 10 个年头。每年的"清明节"，这里的干部群众都要分批到黄道陵墓扫墓祭灵，寄托闽北老区人民的哀思。

1950 年，中央革命根据地访问团闽浙赣分团到闽北访问，到长涧源时，群众主动做了一个棺木，将黄道的忠骸装殓起来，交给访问团运到江西上饶，安葬在黄道烈士陵园。

黄道忠骸迁葬上饶之后，中共武夷山市委、市政府拨专款，在黄道原墓处修建了黄道烈士墓纪念亭，以表达闽北老区人民对自己革命领袖永久性的怀念。

（原载《福建战争年代》）

黄道对创建新四军五团的特大贡献

2020 年 5 月 21 日，是赣东北和闽北根据地人民革命领袖黄道诞辰一百二十周年。

在火红的土地革命战争时期和烽火的抗日战争时期，黄道既是创建赣东北根据地和红十军的创始人之一，也是创建以崇安为中心闽北根据地的重要创始人之一，又是创建闽北新四军五团的主要创始人。

革命家黄道于 1931 年 7 月从赣东北根据地来到闽北根据地，至 1938 年 2 月离开闽北根据地，黄道在闽北根据地闪闪发光的八个春秋中，先后担任"中共闽北分区委书记""闽北红军总政委""闽赣边三年游击战争总指挥""中共闽赣省委书记""闽北红军游击队改编新四军五团总策划"等要职。

本文着重宣传革命家黄道对创建新四军五团的特大贡献，共分"新四军五团红色基因来自闽北崇安民众队"、"新四军五团三次重要战斗"两个部分，附《新四军五团走出去的十位开国将军照片》和《新四军五团走出去的十六位省军级照片》，以此文纪念革命家黄道诞辰一百二十周年，也以此文宣传革命家黄道对创建新四军五团的特大贡献，让革命家黄道创建新四军五团的红色资源、红色传统和红色基因，作为广大党员干部、人民群众、青年学生，从铁军精神中吸取学习的营养、做事的营养、做人的营养。

第一部分，新四军五团红色基因来自闽北崇安民众队。

五团红色基因，是革命家黄道培育的闽北崇安民众队红色基因，经过七次变动部队番号，史称"七步曲"，现依次作介绍。

第一步曲，从崇安民众队到闽北工农红军五十五团。1928年10月和1929年1月，由中共崇安县委发动的两次上梅暴动，建立了十六支民众队。为了加强部队建设，崇安县委于1929年9月将各路民众队整编为各队红军。同年10月，崇安县委在岚谷乡的黄龙岩村召开各队红军负责人会议，正式成立中国工农红军第五十五团，崇安县委书记陈耿兼任团长。全团辖三个营、九个连和一个特务连共五百多人，百余支快枪。

第二步曲，从闽北工农红军五十五团到赣东北红十军。1930年7月，中共福建省委特派员邱泮林到达崇安。他在崇安县委召开的扩大会上，传达党中央关于将闽北、赣东北两块革命根据地合并以及调闽北红军到赣东北组编红十军的决定。同年10月5日，闽北工农红军五十五团开赴赣东北，参加中国工农红军第十军的组编，成为由方志敏创建的红十军的重要组成部分。

第三步曲，从赣东北红十军到闽北红军独立团。1930年11月，方志敏想闽北苏区所想，将赣东北红十军内的闽北籍红军整编充实，成立闽北红军独立团，派回闽北苏区。是年12月，闽北红军独立团三百多人，由团长谢春筬率领到达崇安县的坑口村，给以崇安为中心闽北苏区军民带去了收复失地的信心和力量。

第四步曲，从闽北红军独立团到闽北红军独立师。1932年11月，闽北各地的红色武装队伍迅速壮大，经中共闽北分区委决定，将闽北红军独立团在大安村扩编为闽北红军独立师，师长黄立贵，下辖四个独立团、一个纵队，两千多人，是闽北红军的主力。

第五步曲，从闽北红军独立师到红7军团21师58团。1933年4月，中央人民委员会第四十次常会决定成立闽赣省，将闽北苏区从闽浙赣省分出，划归以江西瑞金为中心的中央苏区闽赣省领导。7月，闽北红军独立师奉命调闽赣省整编为红七军团二十一师五十八团，直属中革军委指挥。至此，闽北红军独立师升格为中央苏区红军，进入中央红军序列。

第六步曲，从红七军团二十一师五十八团到重建闽北红军独立师。1933年9月，闽赣省苏维埃政府所在地黎川县失守，红七军团二十一师五十八团返回闽北苏区。期间，黄立贵率领五十八团在光泽迎接并护送以黄道为主的闽赣省工作团到达闽北苏区首府崇安县的大安村，黄立贵和五十八团也留在闽北苏区。1935年2月，中共闽北分区委在崇安县洋庄乡坑口的长涧源村，重建闽北红军独立师，师长黄立贵，独立师下辖四个团、一个纵队。

第七步曲，从闽北红军独立师到新四军第三支队第五团。1937年10月，中国共产党与国民党谈判达成协议，将南方八省十五个游击区的红军游击队改编为国民革命军新编第四军（简称新四军）。中共闽赣省委黄道书记根据党中央的指示，将闽北游击区的红军游击队，分批到达崇安县洋庄乡坑口的长涧源村集中。1937年11月，闽北红军游击队从崇安县长涧源村出发，开赴江西铅山县石塘镇参加整编。

石塘镇，南靠福建武夷山，北临信江和浙赣铁路，是江西上饶地区铅山县的第三大镇，是连接闽赣两省的咽喉要地，战略地位十分重要。

闽北崇安苏维埃时期的1930年5月，石塘是崇安县苏维埃政府下辖十八个区苏一个红色政权所在地，又是1931年4月方志敏率领红十军第一次进军闽北崇安苏区作战途中，被红十军占领的一个重镇，推动了铅山县土地革命的巩固和发展。故石塘镇被称是闽赣边红色文化历史"名镇"。

闽北红军游击队到达石塘并参加整编时，黄道代表中共闽赣省委给每位在闽北坚持三年游击战争的老同志发了一枚"闽浙赣边区坚持斗争纪念章"，作为永久的纪念。

1938年2月9日，黄道受中共中央东南分局委托，在石塘镇一所学校召集闽北新四军五团营以上干部，举行就职典礼，正式宣布新四军军部命令：闽北红军游击队改编为国民革命军新编第四军第三支队第五团，又称闽北新四军五团。全团下辖三个营、九个连和一个机炮连，一千六百多人。

五团团级领导名录（1938年2月）

团　长　饶守坤

副团长（政委）　昭　铭

参谋长　杨元三

政治部主任　刘文学

五团营级领导名录

一营营长	严昌荣	副营长	桂逢洲
二营营长	陈仁洪	副营长	马长炎
三营营长	周汝春	副营长	阙中一

五团机关各股股级领导名录

组织股长	王荣森	宣传股长	余光茂
宣传队长	谢忠厚	锄奸股长	游生贵
副官主任	曾水元	供给处长	吴德初
民运股长	黄　瑛	卫生队长	曾国生

1938年2月25日，黄道在石塘举行隆重送别大会，欢送新四军五团北上抗日。这支由战斗在闽赣边武夷山下的优秀儿女组成的抗日队伍告别了患难与共的父老兄弟，

唱着雄壮的《义勇军进行曲》，浩浩荡荡地离开了石塘，奔赴抗日烽火的皖南前线。

到达安徽岩寺时，五团部队接受了军部领导的检阅。叶挺军长赞扬："五团基本都是闽赣边过来的老红军战士，是很强的骨干力量，要好好学习锻炼，今后发展起来都是我军的优秀干部。"叶挺军长的高度评价，成了新四军五团在皖南抗日前线发展为英雄团队的巨大动力。

第二部分，新四军五团三次重要战斗。

五团三次重要战斗，是革命家黄道培育的新四军五团，在皖南抗战前线取得辉煌战绩的三次重大战斗，现依次作介绍。

第一次，红扬树对日作战。红杨树，地处安徽芜湖县红杨镇，原名为红杨树，座落在红杨镇沿江的堤圩上。这个镇的街巷弯弯曲曲，出门便是水，走路要乘船，镇内有码头、渡口，水陆交通方便，是皖南青弋江、芜湖、湾沚一带战略要地之一。

抗日战争时期，芜湖县隶属国民党第三战区，红杨镇也属三战区。1938年5月以前，国民党三十二集团军两个师以青弋江附近的红杨树为界，固江设防，红杨树以西为一四四师（川军）防地，红杨树以东为一〇八师（东北军）防地。当时，国民党军部队的阵地，是按三线配置，每遇日军交战，若一线抵挡不住撤到二线，二线失守退到三线，三线抗不住就撤退。同年5月，日军占领了红杨树。

1938年6月，闽北新四军五团奉命，接替国民党军一四四师在红杨树以西阵地。五团团部驻西河镇，一营驻王村，二营驻红杨树，三营驻金家阁。五团接防后，与国民党一四四师、一〇八师构成三角配置。一〇八师阵地在五团右后方过龙山丘陵地带；一四四师阵地在五团的左后方王家庄一线。这样，五团的两翼是国民党军，前面是日军，五团被夹在两军中间，把五团推到抗击日军的第一线，实际是国民党三十二集团军给五团设置的一个陷阱。

当时这个防区的作战任务是，从日军手里夺回红杨树到马家园一线的阵地，然后扼守青弋江两岸堤圩，阻击日军南进。五团孙仲德团长保定军校出身，是一位有勇有谋的军事指挥官。为了展示铁军精神，打出新四军军威，他根据日军刚占领红杨树，因为立足未稳，加之地形不熟，必然人心惶惶，便采取夜间出动，突然袭击日军，让日军知道新四军和国军不一样。一天夜里，孙仲德团长布置五团二营陈仁洪营长选了十几名有经验的侦察兵，每人带上七八枚手榴弹，摸到日军防区铁丝网暗处，大部队在后面配合，突然间连咋呼带打抢，手榴弹声、枪声和呼喊声，一声接着一声，折腾了大半夜，闹得日军六神不安。孙团长这一招很有用，日军刚占领红杨树，摸不清周围情况，又没有坚固工事，第二天一早就急急忙忙撤出红杨树，龟缩到湾沚据点。一夜之间，红杨树就回到新四军的防区，受到国民党三战区的点赞。但日军不会死心，还会再来争夺红杨树。

这段时间，新四军五团积极走访群众，一方面做拥政爱民工作，处处关心群众，很受群众欢迎，许多群众主动给五团干部介绍情况，希望新四军多打日军，为他们报仇，为国家雪耻；另一方面，五团积极走访当过兵的群众，征求关于在皖南水稻田地区作战，部队如何在圩埂上开展作战，如何对付日军等问题，获得了许多既能够制服日军又能保护群众的策略。

圩埂既是坝又是路，水乡的村镇都是靠它连起来的，日军来进攻是沿着圩埂走，要阻止日军进攻，唯一的办法是卡住堤圩。五团全员统一了认识，统一了对策，制定了三条作战方案：第一方案，把工事一律设在圩埂的拐弯处，并在拐弯的地方挖开一两百米，把日军堵在直线上，还可以打日军的纵向。第二方案，将最好的火器调到挖开的圩埂前面，在圩埂的顶部和底部两侧，挖个小坑道，分层配置，让日军看不到五团，五团可以上下左右顺着圩埂打日军。第三方案，在火力点上配备射击技术好、战斗经验丰富的老战士，预备队在圩埂后侧的小坑道内隐蔽，将日军引到五团最佳射击距离内，以求最大限度杀伤日军。

英勇的五团官兵在红杨树地下党和群众的大力支援和配合下，在红杨树堤圩两侧，巧妙地挖好隐蔽部，安装好暗处射击孔，架起轻重机枪，对付日军的火力点布置就绪，只等日军送上门。

时值 1938 年 8 月，当时驻湾沚日军，是日军派遣军总预备队被派到湾沚担负芜湖上游江岸警备的部队。这支日军部队约三四百人，下辖三个中队、一个炮队、一个机枪队，分别驻在柿子园、三面稻场、下街头、老人桥、小赵村、大洋桥、巴斗山、芳山等八个据点。这一天，驻湾沚的日军果然出动了，骡马驮着小钢炮、迫击炮，人扛着重机枪，沿着红杨树堤圩开来，进入五团的伏击圈。

在阵地上待命的五团官兵，听到孙钟德团长大声高喊"打"，圩埂内的轻重机枪猛烈射击，打倒一串串敌人，日军川月大队长抽出指挥刀，败怒地大声叫喊冲进去。隐蔽在堤圩两侧的射手们，瞄准着鱼贯而来的日军，左一枪右一枪，打得日军低头卧在地上。堤圩的两侧是斜坡，不熟地形的日军走着走着就滑到田里去，个个摔得满身满脸都是泥水。

孙仲德团长知道歼灭日军的机会来了。他指挥全团各个隐蔽点，用机枪、步枪、手榴弹不停地射向日军，不一会堤圩上下躺倒一大片鬼子。日军大概从来没有见过这种打法，也没吃过这样的亏，他们一边乱放迫击炮，一边乱掷手榴弹，英雄的五团掀开堤圩的障碍物，新四军可以看到日军，日军看不到新四军。敌人的迫击炮、掷弹筒，打近了炮弹落在阵地后面，打远了落在堤圩上，新四军躲在圩底的隐蔽部看"热闹"。面对这样的阵地防守战，日军川月大队长无可奈何，悻悻而去。

五团首战告捷，全团官兵虽然振奋，但仍清醒知道日军还会再来争夺，便连夜加固工事，在通向敌方的河内，砍倒几棵大树把河道堵死，防止敌人用汽船攻击。同时，他们又特别加强了红杨树侧后几条圩堤的防备，防止日军夹攻。

果然，几天后日军又来进攻红杨树。这一次，不再大张旗鼓地猛冲，而是利用堤圩放慢地逼近。这样虽然减轻了日军在堤圩上的伤亡，但是日军一到五团隐蔽地带，也就无计可施了。五团官兵躲在暗处，沉着射击，越打越准，日军怎么也靠近不了五团前沿阵地。

日军川月大队长就地改变打法，采用小分队迂回前进，企图从侧后夹击五团，但同样遭到五团的有效射击。川月大队长见进攻不能奏效，伤亡越来越大，便下令撤出红杨树。

红杨树阵地，原系国民党军三十二集团军两个师的防区。曾经被日军占领过一段时间，属于"拉据"地区。这次日军两次进攻伤亡两百多人，丢了许多枪（炮）。日军哀感地鸣道：国民党军是日军的弱手，唯有新四军才是日军的强手。从那以后，日军不敢来进攻红杨树。时间一长，红杨树仿佛成了一块安定的航道。

闽北新四军五团在红杨树接连打了胜仗，日军不可战胜的神话破灭了，极大地鼓舞了这个地区的群众，特别是红杨树的群众。他们由地下党带领主动给新四军送菜、送油，还出现了许多父送子、姐送弟参加新四军。当年在群众中曾流传，"吃菜要吃白菜心，当兵要当新四军"的佳话。新四军也趁机大力加强民运工作，一面帮助建立"青抗会"

和"妇抗会"宣传抗日，一面帮助红杨树建立抗日政权，加强了军政军民关系。

军爱民，民拥军。那时，五团为了作战需要，把下辖的连队隔河驻扎，平时通信联络很不方便，当地群众有组织地，把各家各户的木船献出来，在青弋江和红杨树河上，为新四军五团架起两座浮桥，大大方便了五团与营部、营部与连部之间的联络。五团官兵们看在眼里，喜在心里，便想着要多消灭日军，为红杨树群众报仇。

可是，因为日军怕与新四军交战，时过两个月了，鬼子一直没敢来进犯红杨树。就在五团官兵期盼与日军再战一次的时刻，第三支队副司令员谭震林从皖南来五团防区视察工作，谭副司令听了汇报，笑着对五团孙团长说：既然日军不敢与五团打阵地战，五团可以主动找日军打游击战。孙团长听了捏着拳头大声说："日军熊了，他不敢来红杨树，我们到湾沚打扰鬼子去。"说行动就行动。第二天，孙仲德团长就下令，由陈仁洪营长从二营派出一个侦察排，带足了手榴弹、煤油、炸药，侦察员分三个小组，坐着装稻谷的木桶，乘夜间悄悄摸进湾沚镇。

湾沚镇是一个大镇，紧靠青弋江。日军的营房，分布在该镇的东西南北，每个营房四周，全部拉了铁丝网，还设有碉堡、岗楼和报警器，稍一触动就会被发现。但日军有个弱点，到了晚上不出来活动，龟缩在防区保命。

五团二营侦察排的勇士们，遵照谭副司令员和孙团长的谋划，每次行动都选择在夜间进行。五团二营侦察兵打扰日军防区办法分四个策略：第一个，时间放在晚上九点以后。第二个，人数每个小组四到五人。第三个，目标对准日军拴战马的马槽。第四个，办法用煤油包棉花球，捆在手榴弹上。五团二营侦察兵在隐蔽处，将一支支捆有煤油包棉花的手榴弹，投到日军的拴马槽，营地爆炸，火球飞溅，手榴弹变成了燃烧弹。一时间，被拴在马槽的战马，身上着了火又跑不开，个个被烧得嚎嚎直叫。顿时，日军营房驻地枪声大作，日军乱成一团。五团二营侦察兵们，在远处观火花，看夜景，消失在日军的防区。

英雄五团采取这种爆发性的火攻办法，经常去袭扰日军，搞得日军白天坐立不安，晚上睡觉不安，整天龟缩在防区，也给红杨树群众迎来了一段安心生产，平安过日子的时光，处处传颂拥护共产党，拥护新四军的歌谣。

1938年上半年，新四军在各个战场的胜利，挽救了东战场，稳定了华东战局。新四军与八路军互为抗战主力，在全国人民心目中，树立起一面光辉的抗战旗帜。同年11月，闽北新四军五团，奉命离开红杨树，开赴繁昌抗战前沿，去迎接更艰巨、更光荣的五次保卫繁昌对日作战。

第二次，五次保卫繁昌对日作战。1938年8月，日军占领了繁昌以北鲁港、梅山、三山以后，又相继占领了荻港、旧县、横山等地。为了守住繁昌，保卫皖南，同年10月，闽北新四军五团团部，跟随第三支队司令部迁到繁昌县的中分村，一营驻繁昌城附近马家坝，二营驻繁昌的孙村，三营驻繁昌的梅冲。

繁昌位于长江突出部，多山地、少平原。城以东是河圩地带，北面开阔，西南面满布着奇石怪峰，地形复杂，高大的乱石堆集，纵横交错，在此藏上万把人也不知晓。

繁昌是皖南前线的门户，是濒江诸镇进出繁昌城和南陵县的交通要隘。新四军据此，既可威胁敌长江运输，又可策应青阳、铜陵、南陵、宣城等地国民党军守备作战。保卫繁昌，对皖南乃至整个华东战场都具有重要的战略意义。繁昌成了日军在皖南的必争之地，也是发生五次保卫繁昌对日作的必然根由。

　　闽北新四军五团五次保卫繁昌对日作战，从 1939 年 1 月到 11 月，历时近一年时间，是一场彰显铁军精神的对日作战，由第三支队善长打游击战的谭震林副司令员坐阵指挥。这五战五捷繁昌对日战斗，按时间顺序介绍。

　　第一次繁昌对日作战于 1939 年 1 月 10 日开战。这天，日军十五师团五十二高品联队，步兵、骑兵、炮兵有五六百人，分峨桥、三山、横山三路进攻繁昌城。五团二营、三营出战迎敌，日军退至马家坝。1 月 11 日，日军继续向繁昌进攻，并占领了繁昌城。1 月 13 日五团展开全面反攻，日军向峨桥、横山撤退。

　　第二次繁昌对日战于 1939 年 2 月 10 日开战。五团在孙村马家坝、三山、横山、白马山、三梁山、梅二等地阻击日军，峨桥日军步兵骑兵炮兵四百余人，分别在以上各个防线进攻繁昌城。五团集结全团主力反攻，敌我双方展开激烈的阵地争夺战斗。15 日敌军不支撤退。

　　第三次繁昌对日战于 1939 年 5 月 21 日开战。这天，获港、铁矿山石谷联军，会同驻三山附近川岛警备队，集中步、骑、炮兵约两千余人，采取步步为营分兵两路，一路攻乌金岭、马厂一线，另一路直奔孙村。五团全团出击、六团三营配合激战三天，在三个方向阻击日军的进攻，日军伤亡三百多人。5 月 23 日，日军败退撤回获港、三山、横山等据点。

　　第四次繁昌对日作战于 1939 年 11 月 8 日至 23 日。时间最长、最为闻名，人们称之为"血战繁昌"。8 日上午，日军在炮火掩护下突入繁昌城内，双方激战到十一时，五团将日军紧紧包围在城内，下午三时发起总攻，一营从城北，二营从城西相继杀进城区，三营一部分从峨桥山头直扑城内，双方展开了肉搏，杀伤日军一百多人。战至下午五时，天下飘下蒙蒙细雨，五团官兵越战越勇，日军向北门溃退。

日军正面攻击繁昌城吃了败仗，又抽调南京、芜湖、大通、三门的日军集中于获港，有步兵、炮兵、骑兵、空军、水警等，总兵力在两千以上。日军此举，意在孤立繁昌，直逼云岭，策应青阳方向的进攻，威胁徽屯后方，继之打通浙赣线。

面对这一新的敌情，闽北新四军五团三营迅速进到孙村附近，以钳制敌人；一营负责向三山、横山方向侦察警戒；三支队警卫排占领三梁山西侧棱线，向梅冲、孙村方向警戒；二营和三营面向孙村，待机出击。

13日子夜二时，日军石谷联队和西川大队五六百人，在梅冲与五团三营接触。五团司令部命令二营迅速出发，占领乌龟山高地，堵住日军。14日上午八时，日军发起进攻，二营居高临下，以猛烈的火力扫射日军，日军趴在地里一动不能动。日军一次次集团式冲锋，都被英雄的五团二营打了下去。

最为闻名的第四次繁昌对日作战，日军前后投入两千多人，死伤四百多人，缴获一大批步枪、子弹、毒气筒、信号筒、浮水器、手榴弹，还有钢盔、腰剑、战旗等军用物品。特别是川岛中佐指挥官被新四军五团击毙。这打出了国威，打出了新四军军威。当年的日军派遣军总司令哀鸣道："国民党乃是手下败将，唯共产党军乃是皇军之大敌。看来要在共产党手中夺取繁昌城是不可能的。"新四军《抗敌报》为此发表了题为《保卫繁昌屏障皖南的伟大胜利》社论，并通报表彰了闽北新四军五团。国民党第三战区也通令嘉奖五团，国民党繁昌县县长代表县政府献旗，上书"保障繁昌"四个大字。

第五次繁昌对日作战于1939年12月21日开战。日军在三山、横山桥等集结约三百余人，附炮四门，卷土重来，冒然作第五次侵犯。五团一部在积岩、大行冲等处给敌人沉重打击，战至下午三时，五团将来犯之日军击退至大小行冲、松林口一带。次日晨，日军再度向繁昌进攻，同时，铁矿山之敌增援五百余人，占领红花山后，以一部进犯白马山，至山腰时遭五团各营猛烈截击，敌不支从原路溃退。接着，峨桥、三山日军四百余人附重炮十余门来援，中午十二时，繁昌曾一度为敌军所占。22日五团首长下令发起总攻击，五团官兵奋勇冲杀两昼一夜，英勇拼杀，日军死伤惨重，将进犯之敌全部击溃，完全收复繁昌城。

闽北新四军五团"五次保卫繁昌对日作战"的重大胜利，打退了日军五次进犯繁昌城，屏障了皖南后方徽州、屯溪重地，打出了国威，打出了新国军军威。新四军政治部编写了一首歌颂繁昌五次对日作战的战歌，取歌名为《繁昌之战》，载入抗战史册。

第三次，血战东流山。1941年1月的皖南，是黑云翻滚的皖南。国民党以七个师八万余兵力，在皖南围歼新四军，制造了震惊中外的皖南事变。

皖南新四军奉命北移，编成三个纵队各自为阵，在风雨中分头进行战斗。五团所在的第三支队和军特务团合编成第三纵队。在北移途中，五团部队作为军部的后卫，归军部直接指挥，任务是保卫军部，由叶挺军长直接指挥。

皖南新四军在北移途中遭到国民党军的前追后堵，军情万分危及的时刻。1月8日，叶挺军长到了五团，向五团下达命令："五团由原路返回，走星潭抢占高岭，遇到敌人就坚决消灭。无论如何在高岭坚持三天，坚决阻住由太平方向来的敌人，以掩护军部经高岭出太平，往泾县方向突围。完成任务后，你们可以分散突围，北移或留皖南打游击，尔后待机过江。"

五团遵照叶挺军长命令当夜行动，这天晚深夜，天漆黑，雨不停，五团部队冒雨在崎岖山路奋力前进，快到高岭时国民党七十九师一个营赶来，与五团抢占制高点。五团部队以最快的速度，把赶来的国民党军消灭并占领了高岭，又凭险拒敌，连续五次打退了敌人的反扑，终于巩固了阵地，保证了军部当夜返回到星潭宿营。

正在此时，地下党送来情报：国民党三战区上官云相已发出总攻命令，集七个师于茂林周围，妄想于1月9日中午全歼新四军。上官的行径完全在叶挺军长的意料之中，叶挺军长下令将第三纵队及军直机关人员集中作简短动员。叶挺军长说："想不到蒋介石卑鄙无耻到这个地步，蒋介石是一个连秦桧都不如的十恶不赦的中华民族罪人！""我们新四军是革命的军队，是有革命传统的。为了抗日，为了民族生存，赴汤蹈火，在所不辞。""国民党不打日军，反而阻止我们北渡长江。现在是我们每个人献身的时候！让我们为革命，为无产阶级流尽最后一滴血！"最后，叶挺军长双眼噙泪，激动地说："同志们，献身的时候到了，宁愿站着死，不能跪着生。关键时刻，决不当逃兵！如果我叶挺临阵脱逃，你们可随时把我枪毙！"

叶挺军长慷慨激昂的讲话，激励着五团全体指战员的心，尤其是他最后那句话，成了全团干部战士对党对人民的誓言。大家抱定决心，不管国民党军如何狠毒，如何疯狂，我们就是剩下一人一枪一弹，也要为叶挺军长领导的新四军东进北上抗日杀出一条血路。

动员之后，五团所在第三纵队，在高坦阵地，打退了国民党军一四四师数十次轮番进攻。1月9日黄昏，叶挺军长见我方伤亡不断增加，决定甩开茂林之敌。但事与愿违，转移途中，不断遭到国民党军袭击，混战不止，一夜只走了二十里。突围一再无效，计划一变再变，第三纵队走进了石井坑。

石井坑，是个方圆只有五六里，住着十来户人家的小山村，座落在东流山北侧的山沟里，四周群山拥抱，是连绵起伏的山峰。

东流山是石井坑的屏障，战略地位十分重要。国民党军在东流山布下一场规模更大的恶战阵势。

叶挺军长到了石井坑，发现失散人员很多，由于两天两夜的苦战，五团指战员没吃没喝已极度疲劳。他通知后勤部门人员与当地群众联系，购买粮食和猪、牛，让五团干部战士吃顿饱饭。可是只有十来户的石井坑，哪来那么多的粮食和猪、牛。叶挺军长见五团干部战士处于极度饥饿的困境，泪水一阵一阵涌进心头。他便毅然大声喊道："马夫，把我的马杀了慰劳同志们。"马夫哭着说："这万万使不得啊，军长你不能没有它！"叶挺军长举起手枪，"砰砰"两声，那匹战马轰然倒地。在场的指战员的心一下又紧缩了，万分感激军长高度的爱兵精神。

此时此刻，叶挺军长观察地形后，决心坚守石井坑与国民党军血战到底，创造第二个黄花岗。叶挺军长一面命令五团占领石井坑的东流山阵地，一面对五团指战员说："你们五团是一支过硬的老红军部队，在场的许多同志从三十年代就已经屡建战功，今天军部把坚守东流山的任务交给你们，大家一定要坚守住东流山阵地，东流山不能丢！"说着，叶挺军长用手仗指着山沟里的指挥所说："我叶挺就在这里指挥，跟你们同生死，共存亡！"

五团是叶挺军长高度信赖的部队。听了叶挺军长宣誓，全团军官兵齐心高呼："坚决听从军长的指挥！""誓死保卫军部！"此时，五团部队已进入石井坑的东流山阵地，抢修工事。11日，阵地上只有几次小的战斗，五团赢得了一天的准备时间。

到了1月12日上午，国民党军第四十师成营成团，轮番发动进攻，都没有成功。下午发起总攻，国民党军的大炮狂轰，山头上的茅草烧着了，成了一片火海。五团官兵英勇还击敌军，依着机枪和手榴弹的威力，一天内敌军有几次冲了上来，都被英雄的五团反击下去。

总攻延续到13日下午五时。在东流山阵地处在生死存亡决战时刻，五团全体指战员牢记叶挺军长"宁愿站着死，不能跪着生"的钢铁誓言。子弹打光了，就和敌人拼刺刀，刺刀戳弯了，就用牙齿咬。崇安籍二营一排陈排长、二班黄班长拉响手榴弹，与敌同归于尽。二排几位身负重伤的战士，他们抱着敌人滚下万丈深谷，场面之壮烈，惊天地，泣鬼神。

决战到1月13日傍晚，坚守东流山阵地的五团部队虽然顽强坚守，决战到底，但终因寡不敌众，弹尽粮绝，前沿阵地上四处响起"为了抗日，为了保卫叶挺军长，冲啊的喊杀声！中国共产党万岁声！"东流山阵地失守了。这支由闽北崇安红军为骨干组建的闽北新四军五团一千六百多人，除少数人从尸体如山，鲜血淋漓中冲出外，五团部队的英雄们为保卫军部和叶挺军长，几乎全团大部分勇士壮烈牺牲在东流山阵地。

闽北新四军五团革命精神永放光芒。

附一　新四军五团走出的十位开国将军

饶守坤中将　刘文学少将　陈仁洪少将　阙中一少将

谢　锐少将　余光茂少将　梁金华少将　何志远少将

彭胜标少将　顾　鸿少将

附二　新四军五团走出的十六位省军级领导

刘国兴（正军级）　　钟大湖（正军级）　　彭嘉珠（正军级）

吴森亚（正军级）　　马长炎（副省级）　　王荣森（副军级）

黄　瑛（副军级）　　孙钟德（副省级）　　赖少其（副省级）

章新炳（副军级）　　李　胜（副军级）　　吴长武（副军级）

盛　华（副省级）　　刘金才（副军级）　　林　敏（副军级）

洪　林（副军级）

［原载《纪念黄道同志》（1943 年 9 月）、《闽赣浙皖四省边区清剿总指挥部清剿工作经过详报》、《对闽北革命斗争的回忆》、《闽东北的游击战火》、《从闽北到皖南》］

歌曲篇

艰苦奋斗歌

为阶级，为革命，
坚持奋斗到底，
不怕艰，不怕苦，
心如铁石不转移，
看看看，反动统治正崩溃，
笑笑笑，那些叛徒不怕耻，
我们要做一个坚决奋斗的战士！

顽强奋斗歌

奋斗呵，奋斗呵，
顽强奋斗呵，
不怕敌枪炮，
不怕敌围剿，
不怕敌欺骗怎巧妙，
顽强去奋斗，
死也不逃跑。
同志们呀，我们胜利在明朝，
同志们呀，我们胜利在明朝。

骂李德胜

（一）

李德胜，真荒唐，
敌人进攻特别慌张，
借口探敌情，公开去投降，
带了敌人进攻我们到上港，
用火焚烧红色战士，
假借名誉想骗我枪，
红色战士真英勇，
见了叛徒就开枪，
反动分子全部破产。

（二）

李德胜，真无耻，
背叛革命去投敌，
不做革命人，宁做反动鬼，
白养敌人打拜磕头不顾耻，
革命的人要坚决，
为何半途去反水，人人骂你是反贼，
一世话都谈不起，
这样分子生不如死。

（三）

同志们，不要骂，

革命好像火炼金，
真金不怕火，怕火非真金，
一切复杂一经火炼现原形，
革命同志心如铁，
任何艰苦不变心，为看工农的利益，
不顾一切地牺牲，
最后胜利终归我们。

反汉奸歌

（一）

对革命心不坚，到中途心肠改变，
亡国祸全不念，破坏抗日战线，
替暴日作内奸，这就是汉奸，
汉奸，汉奸，
汉奸呵，
亡国祸今已深，不该做敌内应，
破坏抗日红军，
我不是在诸人之中偏偏地骂你呵，
因为你要做害群之马，
破坏革命。

（二）

全不解亡国恨，全不顾民族危险，
一心要破坏，抗日战线，
兄弟相煎，这就是汉奸，
汉奸，汉奸，
汉奸呵，
你把仇恨心，对着民族敌人，
不该对着红军，
我不是在同胞之中偏偏地恨你呵，
因为你破坏抗日红军，
有利日本。

抗日进行曲

同胞们，看看看，
日本帝国主义的铁蹄正在中国驰骋与蹂
躏。
同胞们，看看看，
那卖国的汉奸他不断地出卖呵，
大家起来呵，
高擎起鲜红的抗日的旗帜，
展开着抗日雄厚的行列，
誓不顾一切牺牲与那日本强盗拼死战，
誓不顾一切牺牲与那日本强盗拼死战，
向前进，不灭日本强盗不甘心，
向前进，为着中华民族解放而斗争！

抗日战歌

恨恨恨！
日本强盗把亡国大祸送给我们，
看看看！
中华民族到了危急关头一发千钧，
只有战才能挽救危亡，
只有战才能得生存。
战战战！不屈服不投降，
来来来！我们血已沸腾，
誓一拼热血头颅决死战，
稳着我们脚步，
直杀进敌人大本营，
要求民族独立，
要求领土完整，
不达目的誓不甘心，
奋勇冲锋前进！

反 日 歌

日本帝国主义者，
夺我满蒙与华北，
贪心不足还要并吞全中国。
可恨卖国国民党，
为着出卖与投降，

要把中国大好河山来卖光，
来！来！紧急动员起来，
坚决为民族斗争，
打倒卖国国民党，
驱逐日本与列强，
争取独立自由苏维埃中华。

反日民族统一战线

万恶的日本更加凶横啦，
亡国的大祸已经临头啦，呵！
同胞们快联合起来呵，
结成反日统一战线，
不论他何阶级，不论他何派别，
一致团结起，决心去抗日，
嗳！打倒那日本强盗汉奸，
为民族争自由，为民族求解放，
神圣的战争，我们要胜利，
嗳！建立起苏维埃新中华！

抗 日 曲

（一）

日本强盗大逞横暴，
把我土地强占了，
到处横行，
屠杀我同胞，
中华民族，中华民族，
亡国命运逼近来到。
看满蒙华北的事件还未了，
进一步，逼一步，
要把我们全中国完全来灭掉。
可憎可憎什么公理，
什么人道，
都是骗人的口号。
他们的飞机和大炮，
他们的武力和大炮
他们的强权和霸道，
把我们民族紧紧锁铐。
趁早，趁早，
拿起刺刀和枪炮，
把它赶跑。

（二）

国民匪党，
卖国汉奸，
一贯出卖与投降。

潘阳事变。
高唱不抵抗，
节节退让，
节节退让，
满蒙华北，让得精光，
又下令严厉禁把日抗。
杀工人杀学生，
解散抗日义勇军，
卖国事昭彰，
且看且看工农红军，
抗日先锋，
才能真正把日抗。
用我们的枪炮和炸弹，
打倒那卖国国民党，
驱逐那日本与列强，
争我们民族自由解放，
自由解放，
再看，再看，
鲜红旗帜放红光，
全球飘扬。

抵 抗 曲

日本强盗无比横暴，
强占我国土，
不顾公理，惨无人道，

屠杀我同胞，
灭亡之祸火样的烧。
抵抗要趁早，
亲爱的同胞一齐起来，
赶快团结好，
努力杀敌，
驱逐强盗，
奋斗牺牲，
誓保国疆。
拼我的血，拼我的命，
一起上战场，
打倒强权，
剔除汉奸，
增我民族光

抗日反帝歌

国民党像什么样，
日本进兵占领藩阳，
谁也不抵抗，
谁也不打仗，
节节败退，
节节败退，
退到石家庄。
东北军精兵二十多万，
全不抵抗，

全部缴枪，

可恨卖国蒋介石，

见了日本好投降，

这样中国，

怎能不亡。

蒋介石真荒唐，

日本进兵开到长江，

不准打一枪，

不准打一仗，

国民政府赶快搬家到洛阳，

十九路士兵把日抗，

蒋介石还要缴他的枪，

国民政府国民党，

见了日本就投降，

这样中国，

怎样不亡。

蒋介石去投降，

日本进兵开到山海关，

到处烧民房，

见人就开枪，

屠杀工农如虎狼，

义勇军抗日百战百胜，

蒋介石还要缴他的枪，

国民政府国民党，

见了日本就投降，

这样中国，

怎能不亡。

蒋介石新花样，

他说先要消灭共产党，

才能去打仗，
才能把日抗，
五次围剿追堵截，
样样都破产。
三分军事，
七分政治，
又要送给红军几万枪。
自己被扣在西安，
还是不肯把日抗，
这样真是卖国汉奸。
共产党有主张，
领导群众把日抗，
人民的武装，
一致上战场，
百战百胜，
铁的红军，
缴他的枪，
先要收回我们东三省，
再把帝国主义驱逐光，
中国民族求解放，
大家一致把日抗，
我们红旗全国飘扬。
兄弟们要思量，
你说中国亡不亡，
中国快要亡，
亡国奴难当，
朝鲜、台湾、印度、安南，
好多榜样，
要想救国把日抗，

先要打倒卖国汉奸，

每个站在火线上，

我们枪口瞄准放，

中国民族，就得解放。

新满江红

（一）

中华民族，到今朝万分危急。

向北望，满蒙华北，已非畴昔。

暴日铁蹄遍地踏，

傀儡组织如林立。

看同胞痛苦已受尽，如奴隶。

不抵抗轻退出；

睦邻今更无耻。

还有那辱国的，协定和议。

大好山河频出卖。

爱国同胞横被逮。

这是谁甘心做汉奸，蒋介石。

（二）

义愤填胸，谁能做亡国奴隶。

誓拼我，热血头颅，一雪此耻。

抗日怒火正燃烧，

救国呼声遍地起。

任强盗汉奸的压迫，难止遏。
抗日的是同志；
汉奸们是吾敌，
擎起那神圣的，抗日旗帜。
收复失去的土地，
争取民族的独立，
与世界劳苦的弟兄，手相携。

文物篇

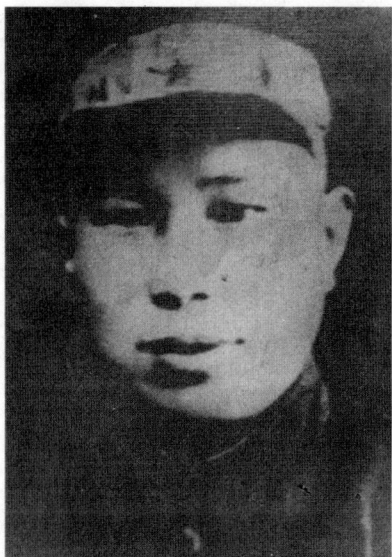

黄道在闽北时期的照片

黄道（中）与陈丕显（左）、黄知真（右）合影的照片

黄道佩带的"赣东北特区苏维埃政府常委会证章"

黄道使用的怀表

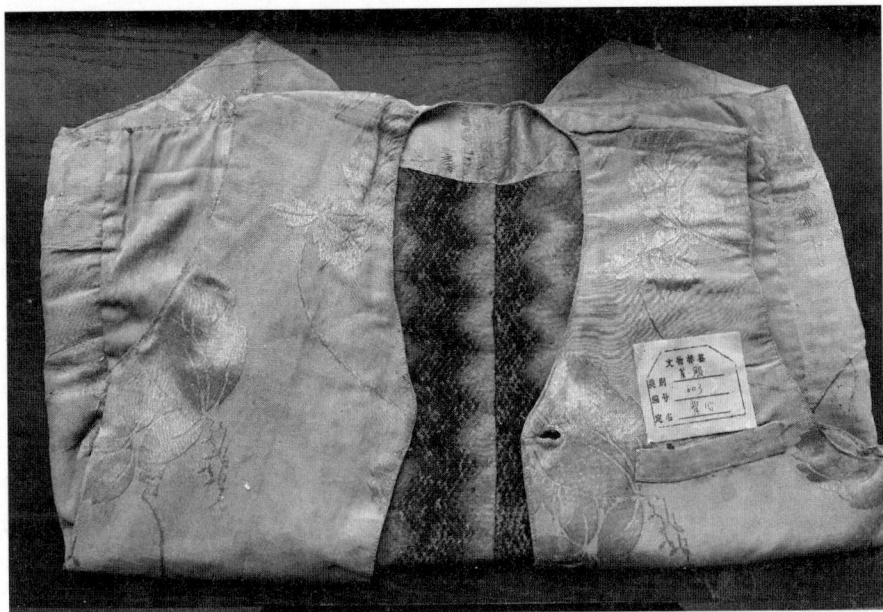

黄道穿的背心

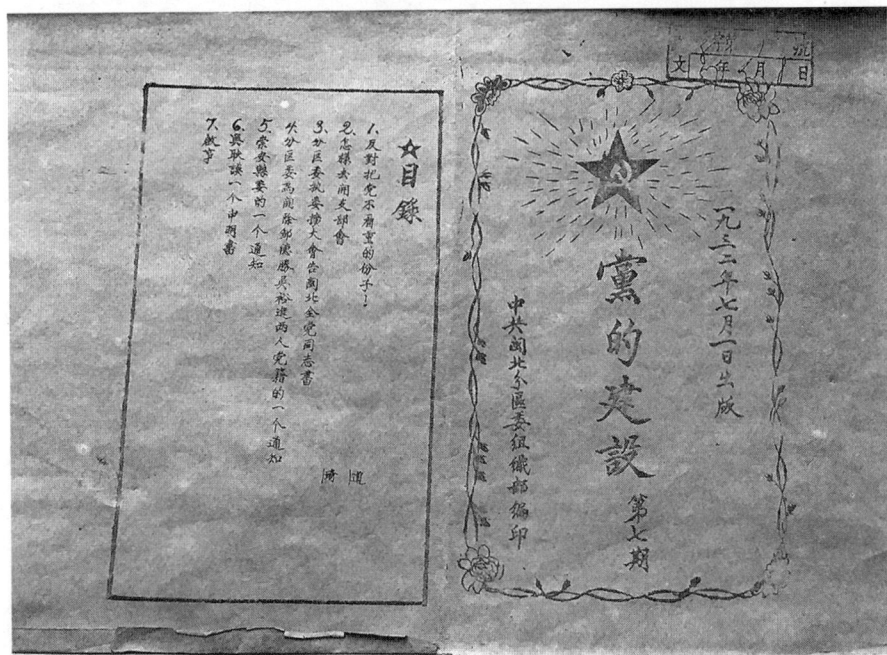

黄道指导出版的《党的建设》

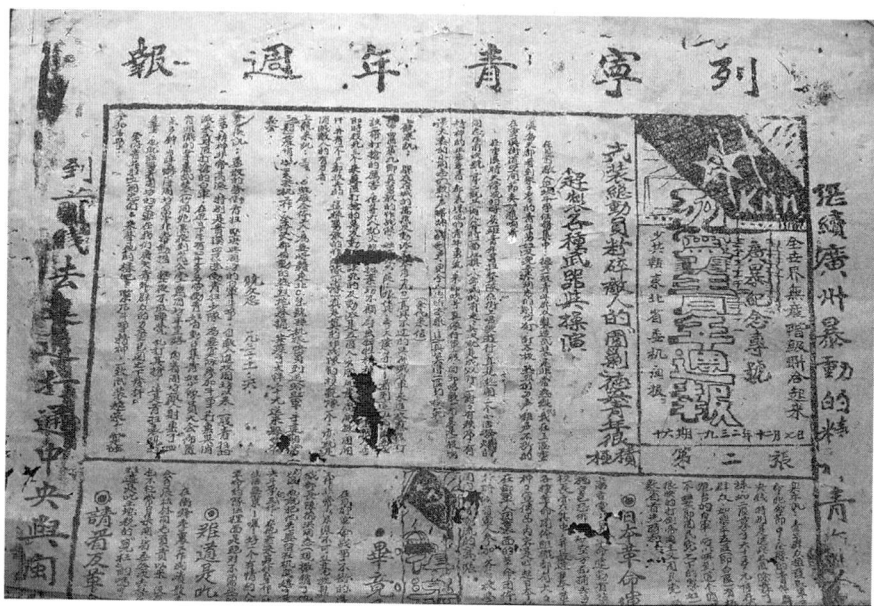

黄道指导出版的《列宁青年周报》

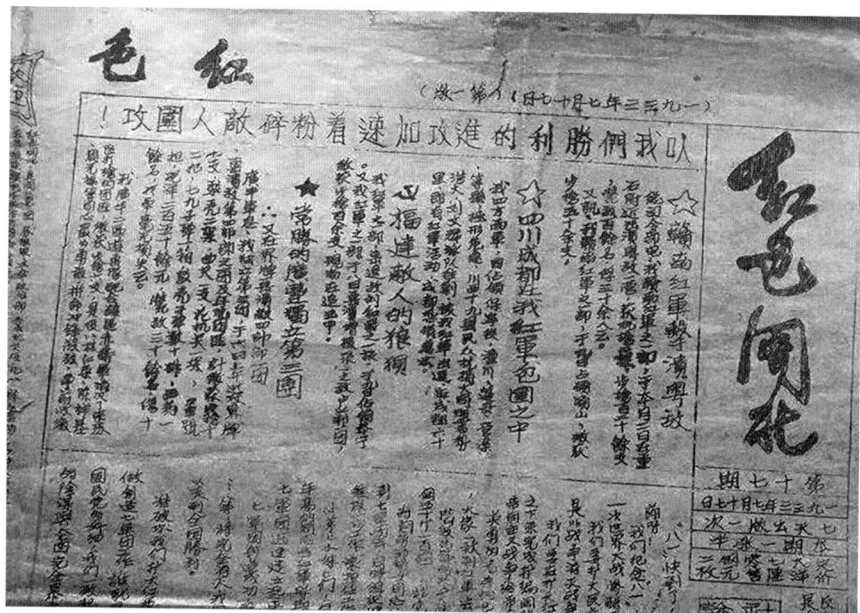

黄道指导出版的《红色闽北》

遺址篇

坑口全国红色旅游经典景区

中共闽北分区委、闽北分区苏维埃政府成立遗址

方志敏书写的："中国红军万岁"标语

红十军入闽地（坑口温岭关）

闽北红军独立师重建地坑口长涧源遗址

黄道纪念碑亭

黄道墓旧址

坑口革命历史陈列馆

大安全国红色旅游经典景区

中共闽北分区苏维埃政府旧址

中共闽北分区委，中共闽北分区军事委员会旧址

中共闽北分区委组织部、宣传部旧址

闽北分区苏维埃政府礼堂遗址

闽北苏区纪念碑

闽北红色首府陈列馆

闽北革命烈士纪念塔

大安街全貌

岚谷全国红色旅游经典景区

中共闽北分区委驻岚谷乡岚头村遗址

中共闽赣省委在岚谷乡黄龙岩成立遗址

岚谷革命历史陈列馆

中国工农红军五十五团纪念亭

市区红色旅游经典景区

红场纪念碑

闽北革命历史纪念馆

闽北革命烈士纪念碑

闽北六烈士纪念亭

武夷山市列宁公园旧门

武夷山市列宁公园新门

粟裕大将骨灰安放处

孙克骥将军之墓

闽北第四次工农兵代表大会遗址纪念碑

余庆桥红军标语

余庆桥

张山头全国红色游经典景区

张山头红军墓碑

张山头红军墓纪念亭

张山头闽北红军医院旧址——小浆村张山头自然村

年表篇

黄道年表

1900 年

5 月 21 日（农历四月二十三日）　出生于江西省横峰县姚家乡姚家垅村。父亲黄菊，略懂医道，除种田外，还在村里开了一家中药铺。母亲李爱娇。黄道为家中独子，另有 3 个妹妹，即黄冬贞、黄香贞和黄梅贞。

1907 年（7 岁）

入姚家初等学堂读书。

1910 年（10 岁）

农历正月初二　随母亲去外婆家下阳村拜年。看到穷人没钱过年，即邀集穷孩子到地主老财家玩"五谷灯"，筹集钱粮救济穷人。

1911 年（11 岁）

进高等学堂就读。学堂先后由洪兆林和一位外号肖瞎子的先生担任老师。由于两位先生均具有资产阶级民主主义思想，接受了反封建礼教和太平天国等农民起义的反抗精神教育。同学有吴先民、黄球、邹秀峰、邵棠等。

1913 年（13 岁）

阻止父母为小妹黄梅贞裹脚，因此小妹没有裹脚。

1914 年（14 岁）

由亲戚说媒，父母做主，本人同意，与青板桥的吴品秀订婚。吴品秀长得端庄大方，眉清目秀，聪明伶俐，其祖父原是清末举人，可谓是"书香门第"的大家闺秀。吴品秀后来参加革命，曾任闽北分区妇女部长、闽北苏区职业技术学校校长、红军优抚委员会主任等职。第四次反"围剿"时被敌人掳去，长期流落在福建宁化，1951 年回到横峰，1988 年病故。

1917 年（17 岁）

秋　考入上饶鹅湖师范读书（原鹅湖书院）。

1918 年（18 岁）

与吴品秀结婚。趁寒暑假及平日偶尔回家之际，教吴品秀读书识字。

秋　改读上饶信江中学。

1919 年（19 岁）

5 月 4 日　五四运动爆发。和同学们一道上街游行、讲演、查禁日货。

秋　由上饶信江中学转入南昌省立二中二年级乙组学习，同去南昌读书的还有他的妻弟吴先民及邹秀峰（均考入大同中学）。

与袁玉冰、徐先兆、黄在璇（野萝）、黄家煌、刘轶、石廷瑜、江岩（支宏江）同班。他们经常结伴在东湖之畔、赣江之滨，议论国事，抨击时弊，辩论中国向何处去等问题，被同学们戏称为"江西八大家"。

冬　和袁玉冰等发起和组织江西最早的进步社团——鄱阳湖社，拟将南昌学生运动的小洪流，引导到全国学生运动的大海中去。从此，南昌青年运动开始有了具有明确指导思想，宣传新文化，以改造社会和改造政治制度为目的的青年革命团体。

1920 年（20 岁）

暑假　与几个好朋友在横峰姚家垅开办义务夜校。

10 月　长子黄知真出生。

12 月　因感到鄱阳湖社这个名称不能体现团体的宗旨和反映社员们的伟大抱负，与袁玉冰等决定把鄱阳湖社改名为改造社。

1921 年（21 岁）

1 月 1 日　参加在南昌二中召开的改造社成立大会。到会社员 9 人。大会主席为袁玉冰。

改造社是一个以"改造社会"为宗旨的革命团体。社员大部分是南昌及江西各地的青年学生。此后，随着形势的发展和该社影响的扩大，在北京、上海、四川、湖南及日本也有它的分支机构和社员，是五四时期有影响的社团之一。

5 月 1 日　改造社社刊《新江西》杂志创刊。《新江西》第一卷第一号，内容是宣传新文化运动。这一期发表有黄道撰写的《难道女子不是国民吗》和《暑假期中之杂感》两篇文章，宣传男女平等的思想，倡导自由恋爱与婚姻自由。

5 月 7 日　参加南昌各中学数千学生在公共体育馆召开的国耻纪念大会。会后举行声势浩大的游行，游行队伍高举"同胞爱国""勿忘国耻""抵制日货"等标语。

5 月　组织南昌二中的学生，声援方志敏发动的省立甲种工业学校学生罢课抗议活动。南昌市出现群众性反对腐败教育运动。

6 月 19 日　与袁玉冰一起邀请方志敏参加江西改造社及《新江西》的编辑工作。不久，在南昌一中就读的邵式平以及汪群、涂振农、张朝燮、江宗海等都成了改造社的成员。后来，改造社成员中许多人成为著名的共产党员。

7月23日　中国共产党第一次全国代表大会在上海举行。中国共产党成立后，江西改造社不断收到《新青年》等宣传与介绍马克思主义的书刊，对其确立马克思主义思想起了重要作用。

1922年（22岁）

3月1日　《新江西》第一卷第二期在北京印刷出版。这一期发表了黄道《障碍新文化运动的是谁》一文。该文章认为，阻碍新文化运动的，不仅有反对方面的极力阻拦，军阀官僚的种种摧残，而且还有打着赞成的旗号，实际上是假名的、口头的和谬误的那些人。

4月　与袁玉冰在改造社提议召开追悼工人运动领袖黄爱、庞人铨两位烈士的大会，得到一致赞成并邀请大江报社、觉社等团体共同发起。

5月1日　参加南昌各界20多个团体在江西省教育会堂举行纪念五一劳动节和追悼黄爱、庞人铨两烈士大会。到会代表2000多人。与袁玉冰等以"改造社同人"的名义撰写挽联："谋劳工解放，既是谋人类解放，要达到这个目的，谁也有像黄庞被杀的机会；对黄庞痛哭，既是对全国痛哭，若只是徒然流泪，便愧对这实行奋斗的男儿。"表达了他们为谋求人类解放而奋斗牺牲的决心。

夏　南昌二中毕业。在老家与吴先民、邹秀峰和黄球等人秘密讨论社会主义问题，开始由激进的民主主义者向马克思主义者转变。

秋　中学毕业后，到上饶信江中学任教。利用教书的机会，在学生中介绍进步书刊，宣传革命思想，使学生的思想迅速活跃起来，校内很快就形成了阅读《新江西》等进步书刊的风气，引起学校当局的恐慌。在信江中学教学半年，引导一批进步学生走上革命道路。

寒假　在家乡向贫苦农民宣传革命思想，启发贫苦农民。

1923 年（23 岁）

7 月　二儿子黄知机出生。

秋　在朋友的鼓励下，准备到北京继续求学。说服家人筹措了一笔旅费，进京赴考。由于成绩优异，同时被北京大学、清华大学、北京师范大学等大学录取，最后选读免交学费的北京师范大学。

9 月 28 日　北京师范大学开学。选读教育系，与选读史地系的同乡邵式平同一年级。按照学校课程设置，他们首先进行两年的预科学习。

□　负责并领导改造社北京总社工作，积极吸收在北京的思想进步的江西籍青年加入改造社。

□　结识北京女子师范大学江西籍女生刘和珍，联合创办了江西同乡会刊物《博物》，并任编辑。1924 年，黄道与刘和珍等 12 人先后担任《博物》的总编辑。1925 年黄道等 6 人任该杂志研究股编辑干事，江宗海任发行干事。1926 年黄道等 3 人任交际，邵式平任总务。

□　入北京师范大学不久，参加社会主义青年团。后介绍一些思想革命的改造社社员如徐明高（曾任朱德的秘书）、游秀柏等人加入社会主义青年团。在校期间，经常聆听李大钊的授课和演说，他深受启发，眼界大开。

□　与陈毅订交，过从甚密，并成为亲密战友，共同为北京的学生运动、文化运动以及国民革命运动而努力。

冬　转为中国共产党党员，并自 1923 年冬至 1924 年担任北师大第一任党支部书记。

1924 年（24 岁）

12 月 31 日　孙中山扶病入京，中共北方区委组织了北京各界十万人的盛大欢迎。根据北方区党的指示，与北京学生联合会组织北京各高校同学参加欢迎活动。作为各界的代表，从前门火车站迎接孙中山，一直送到东城铁狮子胡同中山先生的北京行辕。

寒假　在姚家垅村成立农民协会筹委会，在百家坂戏台召开群众大会。号召贫苦农民团结起来闹革命，打倒贪官污吏，实行平债减租，废除买卖婚姻。不久楼底、蓝子、璀山等地相继成立农民协会筹委会。

1925 年（25 岁）

3月1日至4月15日　作为江西代表参加由中国共产党和国民党左派共同发起的国民会议促进会全国代表大会。大会否决了段祺瑞向"善后会议"提出的《国民代表会议条例》，认为真正的国民会议必须是对外代表人民利益，反对帝国主义；对内打倒一切军阀，解除其武装。

3月12日　参与北京学联组织各界群众参加孙中山追悼大会，宣传三大政策，召开国民会议。

6月3日　在北京学生联合会出版的《北京学生》之"英帝国主义惨杀上海学生专刊"上发表《帝国主义的横暴行为与中国民众》一文。该文考察了近几年来帝国主义的列强对中国的横暴行为，提出"要谋中国人民的永久安宁，非打倒帝国主义不可"。

6月　五卅惨案发生后，组织北京学生，开展以声援上海人民为中心的反帝运动，成立北京学生的反对帝国主义惨杀上海同胞后援会。随后根据党组织的指示，返回江西。

7月8日　由北京经武汉、九江回到南昌。回到南昌后，积极参与江西党、团组织领导的"反对帝国主义惨杀上海同胞江西后援会（后改为沪案交涉江西后援会）"的活动。与方志敏、邵式平以沪案交涉江西后援会特派员的身份，带领放暑假后参加下乡宣传的学生从南昌回到赣东北进贤、东乡、余江、贵溪、弋阳、上饶、玉山、乐平、鄱阳等县，宣传革命。

暑假　结束带领学生在赣东北的宣传工作后，回到老家姚家垅。联系过去在横峰岑阳小学读书的先进学生组织岑阳学会。在成立大会上，黄道被选为会长，并通过了为学会起草的章程。岑阳学会以"宣传革命，吸收人才"为宗旨，团结和培养了一批思想进步的先进分子。

暑假　为了对农民进行阶级启蒙教育，在姚家垅开办农民夜校，自编教材自任教，帮助农民学文化，讲解革命道理。编写了一些歌曲，用形象和通俗的语言，揭露豪绅地主的伪善面目和剥削、欺压农民的罪行，如《新十杯子酒》（又名《穷人诉苦歌》）、《穷人翻身歌》等。

暑假　和吴先民等人在姚家垅发动农民组织了"兄弟会"，在农民群众中提出"愿同生、愿同死、有福同享、有祸同当"的誓言。起草《姚家垅农协筹委会布告》，广为张贴。随后，与吴先民、黄瑞喜、黄球等在姚家垅、琯山、百家畈、楼底蓝家等地秘密组织了横峰县的第一批农民协会筹委会。

9月　从预科班升入教育系本科一年级。

10月初　北京区执行委员会和北京地方执行委员会改组为中共北方区执行委员会（简称北方区委），直属中共中央。中共北方区委成立后，立即组织了中共北京地方执行委员会（简称北京地委）。北京师范大学党支部属于北京地委下设的中共南部委员会。1925年10月至1926年初黄道任北京师范大学第三任党支部书记。

10月7日　与北京学联组织北京学生和教职员工展开宣讲活动，揭露帝国主义召开关税会议的真实意图和侵略本质，开展要求关税自主的签名活动。和北京学联领导人一起，组织北京各高等学校的学生参加关税自主，反对关税会议的示威游行。

11月22日　北京学联在学生军的基础上组织北京革命学生敢死队，是这支队伍的领导者之一。

12月29日　参加在天安门召开的国民大会。因"右派的事先告密和临时捣乱"，"首都革命"的夺权斗争没有达到预期的目的。但通过这次运动，其得到了锻炼，提高了斗争艺术和才能。这次运动后，介绍邵式平转为中国共产党党员。

1926年（26岁）

2月28日　参加在北京师范大学召开的成立北京国民讨张吴大会。本次大会共有北京国民党市党部等100多个团体参加。

3月17日　与北京学联其他领导人召集北京师大等200余所学校、团体代表400多人在北京大学召开紧急会议，决定3月18日在天安门广场召开国民大会，抗议日本帝国主义的最后通牒。

3月18日　上午10时，参加北京各界200多个团体约万余人在天安门广场举行的"反对八国通牒示威大会"。大会通过了请政府严驳最后通牒、驱逐下最后通牒的各种公使出境、督促国民军为反对帝国主义而战、组织北京市民反帝大同盟等议案。会后与邵式平一起带领师大学生队伍参加游行，一路高呼口号，散发传单，一直向国务院进发。段祺瑞政府对抗议队伍进行残酷镇压，向手无寸铁的游行队伍开枪，酿成震惊中外的"三一八"惨案，死49人，伤199人。

3月18日晚　参加在北大一院召开的党团支部书记联席会议，拟掀起全国范围的反帝国主义、反卖国政府的群众运动。根据会议安排，布置北师大学生运动的具体任务。

3月20日　参与起草《北京师范大学学生会宣言》，

声讨政府的残暴行为。

3月23日　参加北京各界在北大三院举行的"三一八"死难烈士追悼大会。遭到段祺瑞执政府的通缉，北师大也同时开除其学籍。

3月24日　参加北师大举行的范士融烈士追悼大会，并在纪念刊上发表《这次大屠杀的真相》一文。

3月底　参与起草《北京学生总会向全国民众宣言》，号召全国同胞一致奋起，完成革命事业。

4月4日　参加江西旅京各界同乡1000多人在宣武门外江西会馆举行的追悼刘和珍烈士大会。

4月11日　主持北京学生总会在师大召集各学校各团体开联席会议，讨论对"三一八"惨案起诉问题。

5月　回到南昌。受中共江西地方委员会负责人、国共合作时国民党江西省党部组织部部长赵醒侬的指派，负责横峰县国民党县党部的筹备工作。

5月　回到家乡横峰。

10月初　国民党横峰县临时党部成立，任执行委员会常务委员。

10月下旬　根据中共江西地委指示，组织成立中共横峰县第一个支部。

11月间　领导横峰党支部，积极组织农民协会，建立梭镖队，在领导工会农会开展斗争的同时，为北伐军带路、送信、送物资。

冬　领导横峰农民组织起来，成立了青年团支部、妇女协会等革命群众团体和建立了贫农团、暴动队等革命武装。成立横峰县农民协会筹备处。统一领导全县的农民运动。

1927年（27岁）

2月20日　派横峰县农协筹备处涂振声为代表参加全省农民大会。

春　应北师大校友俞君适邀请，到鹅湖师范任教。鹅湖师范与上饶中学合并后，任师范部主任和上饶中学校务委员。经常在课余时间深入学生宿舍，和他们谈论民主，谈革命道理。发起组织革命理论研究会，参加者大都是高中学生。

5月　在得知武汉、九江两地收回英租界消息的当天，组织鹅湖师范200余青年学生，到河口镇宣传收回英租界、抵制"洋货"，号召同胞们携起手来，支援北伐战争，争取更大胜利。不久，因蒋介石发动"四一二"反革命政变波及上饶，形势变化，离开鹅湖师范回横峰。

5月8日　横峰县大地主滕兰利用李烈钧在上饶成立反动的赣东省政府的机会，买通铅山县河口镇警察队，包围县城，捣毁县农民协会。农协领导人钱壁、李佐韩以及黄道的妻子吴品秀、吴先民的妻子周嫦娥等被捕下狱。其与吴先民一起被通缉。

5月20日至29日　国民党江西省第三次代表大会重新在南昌召开，与方志敏、邵式平一起当选为省党部执委，同时兼宣传部部长。

6月3日　黄端喜组织姚家垅农民，在楼底蓝家农民的配合下，三次攻打横峰县城，最后攻克县城，救出5月8日被捕的同志。

6月　在南昌参与中共江西省委工作，任南昌中学第二部主任委员。

7月21日至23日　参加中共江西省第一次代表大会，参加中共江西省委的领导工作。

7月30日　参加中共江西省委在松柏巷盐义仓女子中学召开的党团活动分子会议，为南昌武装起义做准备。

当日　与罗石冰代表省委，与前委代表刘伯承、聂荣臻举行秘密联络，商讨地方党组织如何配合和支援南昌起义诸问题。

8月1日　参加南昌起义。积极组织工人、学生、妇女参加担架队、宣传队、纠察队、巡逻队配合起义部队行动。

8月2日　参加江西省和南昌市各团体联席会议。会后，与罗石冰一道，将南昌人民捐献给起义军1万余元银圆慰问款送交十一军和二十军政治部。

8月　奉党的指示，潜回赣东北，秘密发动群众，组织群众，建立武装，准备暴动。

10月　回到横峰。根据中共江西省委的指示，成立中共横峰区委，任书记，隶属鄱阳县委。

11月中旬　方志敏到横峰姚家垅与其共商贯彻八七会议精神，组织赣东北农民武装起义问题。召开党员会议，介绍横峰县工作。根据中共鄱阳县委决定，赴弋阳任中共弋阳县委书记。

11月　在弋阳县九区（漆工镇）举办团支部书记训练班，并亲自给学员讲课。

12月10日　在弋阳组织农民暴动，遥相呼应方志敏领导的楼底蓝家农民暴动，揭开横峰年关大暴动序幕。1个多月的时间，弋阳县九区的大小村庄普遍建立了农民革命团。

12月下旬　参加方志敏在弋阳县九区主持召开的弋阳、横峰两县区委负责人会议。

同年　三子出生，次年3月由于游击环境恶劣，在磨盘山夭折。

1928年（28岁）

1月2日　参加由方志敏主持在弋阳窖头村召开的弋阳、横峰、上饶、铅山、德兴五县党员联席会议即窖头会议。会议制定宣传大纲，通过起义纲领，建立了党的领导机构——中共五县工作委员会，方志敏为书记。在五县工作委员会之下成立暴动指挥部，任弋阳暴动总指挥，方志敏任五县暴动总指挥。

1月上旬　弋横地区年关大暴动展开，5万余农民革命团分成6路大军向外扩展。1个月内暴动区域纵横百余里，插上红旗，开展了废债、罚款、分粮、分田的斗争。

2月　作为中共弋阳县委书记，和方志敏一起在弋阳九区开始建立红色政权和分配土地的工作。

3月　国民党军队和地主武装进犯暴动区域，撤至磨盘山区，开展游击战争。

4月　协助方志敏等，创建工农革命军第二军第二师第十四团一营一连，这是赣东北第一支正规武装。

5月　在"农民革命团"的基础上，领导建立了赣东北革命根据地第一个县级苏维埃政权——弋阳县苏维埃政府，主席方志敏。

5月中旬　参加横峰县第一届工农兵代表大会。在大会做形势分析报告，讨论土地分配、建立工农武装和发展农业等问题。

6月25日　参加在磨盘山方胜峰召开的弋阳、横峰两县（党、团）县委联席会议，史称"方胜峰会议"。会议由方志敏主持。参加会议的还有邵式平、方志纯、吴先民、邹秀峰、庞先飞（当时团省委派来的代表）等20余人。会议批判团省委特派员庞先飞等人"埋枪逃跑"的错误主张，坚持在根据地打游击，与群众共存亡。为"开辟第二根据地，扩大革命区域，藉以解围"，被派往贵溪，开辟贵、余、万新根据地，配合弋横老根据地的斗争。

7月初　根据方胜峰会议决定，黄道携带妻儿以行医为名，化名陈松寿和邹秀峰等落脚贵溪周坊村，开展建立新根据地的工作。

7月　父亲黄菊被敌人杀害，时年50岁。家里的房屋也被烧毁。

秋 参加中共横峰县第二届全县代表大会，并在大会作政治报告。

12月 参与方志敏在贵溪江家坪召开的会议，研究贵余万起义的问题。为统一领导贵溪、余江、万年3个县的革命工作，在贵溪江家坪成立了贵余万中心县委，任县委书记，受信江特委领导。

12月 在贵溪江家坪后山秘密举办训练班，培养农民武装暴动骨干。

同年 写了《妇女解放歌》《送郎当红军歌》《十劝郎当红军歌》。

1929 年（29 岁）

2月底至3月初 出席在弋阳九区烈桥塘坞村召开的中共信江第一次代表大会。当选为执行委员。方志敏任代理书记。

3月 中共贵溪临时县委成立，任书记，辖余江区委和万年特支等组织。

5月 与方志敏一道在周坊召开贵余万党员会议，检查暴动的准备情况，正式成立中共贵溪县委，仍任书记，直接领导贵溪、余江、万年3个县的党组织。

6月6日 在中共贵溪县委的直接领导下，周坊暴动爆发。这是贯彻方胜峰会议决策，经过近一年的努力，在弋横德苏维埃区域外围，开辟新的革命根据地所领导的重要斗争。

7月16日 领导贵余万三县总暴动。

7月 贵溪县第一次党员代表大会召开。会议通过了成立贵溪县苏维埃政府，建立地方革命武装和扩大红军的决议。

8月 贵溪县苏维埃成立，邵忠任主席。

8月11日　赣东北红军独立第一团第七连在周坊太山峰庙成立。在成立仪式上，做重要讲话，宣布六条纪律：1. 严守秘密；2. 遵守纪律；3. 牺牲个人；4. 服从命令；5. 服从组织分配；6. 永不叛变，永不忘共产党。

9月　赴信江特委主持日常工作，方志敏到贵溪兼任县委书记。

10月1日至3日　信江第一次工农兵代表大会在弋阳九区漆工镇召开成立信江苏维埃政府，当选为执委，方志敏任主席。

农历十一月　参加演出《年关斗争》，激发苏区人民的革命斗志。

1930 年（30 岁）

2月　主持信江苏维埃主席团，负责信江苏维埃政府工作，方志敏任信江军委主席。

3月20日　参加信江苏维埃政府的第二次信江工农兵代表大会。出席大会的各县苏维埃代表有200多人。大会讨论通过其主持起草的《土地临时使用条例》《工会临时组织条例》《信江苏维埃政府临时组织法》《信江工农兵代表会议（苏维埃）政府政纲》等政策法令。大会改选了苏维埃执行委员会，产生第二届执委会，当选为主席团成员兼秘书长，方志敏当选为主席。

4月　参加横峰县第三届工农兵代表大会。代表信江苏维埃政府向大会作政治报告。大会总结了反"围剿"斗争的经验，做出了扩大红军与积极发展苏区的决议。

7月　参加在景德镇召开的信江特委和江西东北特委和信江军委党委、红军独立团党委的联席会议。会上与方志敏、邵式平等一起与刚从上海参加中共六届二中全会回来的唐在刚，对全面贯彻"左"倾冒险的错误主张及"夺取九江、切断长江"，配合其他红军攻打南昌和武汉的决定，持强烈的抵制态度。随后，中共信江、东北两个特委合并为赣东北特委。成立信江指挥部，任总指挥。

8月1日　赣东北第一次工农兵代表大会召开，将信江苏维埃政府改为赣东北革命委员会，任主席团成员，方志敏任主席。

8月22日　与方志敏一起，在乐平县众埠镇首次开办赣东北特区妇女干部训练班。

8月27日　四子黄知深出生。

9月9日至15日　参加在万年富林召开的赣东北特委扩大会议。会议推行李立三"左"倾冒险主义，决定将苏区党、团、工会合并，成立赣东北行动委员会，被排斥在常委之外。

10月　赣东北特委恢复，任特委常委、组织部长。

12月6日　奉赣东北革命委员会委任，与方志敏、汪明等5人一起组成赣东北特区苏维埃准备委员会。

同年　在中共信江特委《红旗报》上发表短文二则：《北洋军阀重新结合反蒋的局面爆发了》和《英雄主义与领袖观念》。

1931年（31岁）

1月　参加在葛源召开的赣东北特委扩大会议。对万永诚等批评赣东北党组织是"右倾保守主义""封建地方观念""富农路线""调和主义"等观点，进行了有力地反驳。任组织部部长，书记由中央指定万永诚担任。

3月6日至8日　赣东北特区工农兵代表大会在葛源镇召开，成立赣东北特区苏维埃政府。任特区苏维埃政府执委常委兼肃反会主席，方志敏任特区苏维埃政府主席。会议通过暂行《土地使用法》《婚姻法》《惩反条例》《各委员组织法》及《施政大纲》等。

3月下旬　红十军指挥部因陷入思想混乱而不能有效指挥作战，使苏区党政领导机关暂时撤出葛源。根据方志敏的主张，改由黄道担任苏维埃政府主席，方志敏为红十军政治委员。

4月20日　赣东北特委向上海中共中央写信就人事变动做了报告，"调涂振农同志暂代特委宣传部长的工作；调方志敏同志暂代十军军政治委员；调黄道同志任特区苏维埃主席"，"黄道同志原是特委常委，他做苏维埃工作比较有办法，调任特苏主席也比较适宜"。

5月19日　黄道等起草的《赣东北特区苏维埃暂行刑律》颁布。这是黄道在代理特区主席期间，为便于惩治根据地内的刑事犯罪而制定的法则。

7月　调任中共闽北分区委书记，军分区政委。

7月　在崇安坑口主持召开中共闽北分区委扩大会议，并在大会做重要讲话。会议对过去党组织的工作进行了全面的、系统的、实事求是的总结，正确地分析了面临的形势，根据闽北实际情况，确定了今后的工作任务和方针，即深入发动群众，进行土地分配；自下而上地改造苏维埃，建立全区苏维埃政府；加强红军独立团建设，发展地方武装，粉碎敌人"围剿"。会议通过了《政治任务决议案》，并根据中共赣东北特委决定，调整了中共闽北分区委及分区党政军领导，任书记。

7月11日　在崇安坑口主持召开闽北第一次工农兵代表大会，选举产生闽北分区苏维埃政府。会议着重讨论巩固和发展根据地，以及如何扩大红军，分配土地等问题，并建立健全分区和各级苏维埃政府机构。

同月　创办闽北红军医院。

同月　根据赣东北特区苏维埃制定的《工会临时组织条例》，选举产生闽北分区总工会，统一领导闽北苏区的工人运动。

8月　主持召开闽北分区党政军负责人联席会议，研究和分析了敌人向苏区进攻的战略战术，部署粉碎敌人第三次"围剿"的方针。

9月　闽北党政军机关迁至大安，大安成为闽北苏区首府。

10月　在大安主持召开闽北苏区第一次党代表大会，作闽北党和苏维埃运动的工作总结报告，当选闽北分区委书记。

10月　从本月开始，先后到崇安、铅山、广丰、建浦等地视察，了解各地党的建设，党的方针政策执行情况和党群关系等。

11月　倡议闽北分区委创办党校，并在开学典礼上做了重要讲话，强调创办党校，加强党的教育，特别是党的干部教育的重要意义。

12月11日　闽北分区第二次工农兵代表大会在大安召开，参加会议的还有来自赣东北和白区20余人的参观代表。会议决定，在根据地周围的白区，不断发动群众抗租、抗债、抗捐斗争，组织农民暴动，武装夺取政权，建立苏维埃，使革命斗争波浪式向敌占区推进。

12月27日　在《红旗周刊》发表《年关到了》一文，发动各地组织，指导群众开展年关斗争。

同年　领导闽北分区先后创办《红旗周刊》《党的建设》《红色闽北》《列宁青年报》《青年与战争》《红旗射手》《反帝旬刊》等报刊，宣传马列主义、党的方针政策、苏维埃政府法令以及国内外形势。经常为报刊撰写文章和社论。

1932年（32岁）

1月　在大安主持欢迎大会，欢迎中央革命根据地参观团到闽北苏区参观。

同月　闽北建立赣东北银行闽北分行，负责发行货币、管理金银、发放农贷和公债。创办了铸币厂和纸币厂，铸造的银币甚至可到白区流通。

1月7日　在中共闽北分区委的《党的建设》第二期发表《应该纠正目前党内几种严重错误》一文，针对闽北根据地党的建设和克服党员各种非无产阶级思想提出了精辟的见解。

2月　为应对苏区的扩大，土地革命的深入，领导分区委发布《春耕运动宣传大纲》，要求各级党政抓住有利时机，发展农业生产。

3月　为打破敌人经济封锁，解决苏区军民物资供应，以闽北分区苏维埃政府人民经济委员会名义，起草并发出《给白色区域商人们的信》，促进苏区边贸的发展。

5月1日　参加闽北分区举行的体育比赛大会，并作讲话。

7月1日　在《党的建设》第7期发表《反对把党不看重的分子》一文，以保证党的纯洁性和先进性。

7月4日　主持召开闽北分区执委扩大会，通过了《五个月工作计划》，对闽北苏区党的工作、苏维埃政府工作、白区工作、军事工作、武装群众工作、反帝工作、肃反工作等10多项工作和群众团体工作都进行了全面的部署。

8月18日　在闽北苏区出版的《红旗周报》第15期上发表《肃反工作与阶级立场》一文，认为要做好肃反工作，最主要的是阶级立场。无论是找反革命活动的线索，惩办反革命分子还是镇压和肃清一切反革命在苏区活动，都离不开阶级立场。

9月5日　闽北红军独立团在黄立贵的率领下攻占广丰二十八都，开辟了浙西南游击区。

9月14日　与进军闽北的方志敏、周建屏在闽北苏区首府大安会合。军事行动由红十军统一指挥，闽北红军独立团配合行动。

9月18日 红十军和闽北独立团攻克浦城县城。

10月 闽北红军独立团完成了在铅山牵制敌人，掩护红十军渡过信江后，闽北分区委决定，挥师西征，向邵武、光泽地区挺进，打通闽北苏区与中央苏区的联系。中旬，黄立贵率领闽北红军独立团与罗炳辉、谭震林率领的中央红军第二十二军在邵武会师。

11月7日 闽北分区第三次工农代表大会在大安召开，正式决定闽北红军独立团扩编为师，黄立贵任师长，邹琦任政委。各县成立独立团、营。同时，成立中国工农红军闽北军分区，任总政委，薛子正任总指挥，肖韶任政治部主任。

11月 闽北分区委发出《加强巡视工作的通知》。通知要求从闽北分区委到县委，从县委到区委到支部层层都要派巡视员，建立巡视工作制度，指导各地党组织工作，解决实际问题，使各级党组织朝着更健康正确的方向发展。

12月 经中革军委来电指示，赣东北省苏维埃政府革命军事委员会改称闽浙赣省军区总指挥部。闽北分区革命军事委员会改为闽浙赣省闽北军分区，薛子正任军分区总指挥，黄道任军分区政治委员，肖韶任政治部主任。分区党政军领导机关从大安迁到崇安县城。

1933 年（33 岁）

1月15日 与黄立贵率300余红军部队与24名工作队干部，前往光泽，随即着手苏维埃政权的建设工作，深入开展土地革命。

春 在1932年农业丰收的基础上，闽北分区苏维埃发出《春耕运动工作的决议》，号召开展春耕竞赛，不荒根据地一亩田，保证粮食增产三成。

3月　主持闽北分区第四次工农兵代表大会召开。会议明确指出："加紧工农群众的革命阶级的政治教育，提高工农群众的文化水平，激励工农群众革命阶级的政治教育，提高工农群众的文化水平，激励工农群众的斗争情绪，坚定工农群众对革命斗争的胜利信心和决心，粉碎反动统治阶级麻痹工农群众的精神工具——封建迷信和国民党教育，团结工农群众在革命的阶级战争上争取革命战争的完全胜利，这是文化教育工作的中心任务。"

4月　在崇安县城红场主持召开规模盛大的全区儿童团体育大会，3000多名儿童参加比赛。

春　创办闽北苏区中医院、疗养院和残废院。

5月初　从崇安出发去参加闽赣省工农兵临时代表大会，在途中遇敌作战负伤。

5月上旬　闽赣省工农兵临时代表大会在黎川湖坊召开，宣告闽赣省革命委员会正式成立。与此同时，正式成立中共闽赣省委，任常委兼秘书长和宣传部长，顾作霖任书记。

6月3日　到达闽赣省委。因省委书记顾作霖身体不好，加上主要精力用于军事斗争，负责闽赣省委日常工作。

6月4日　闽赣省军区成立，下辖抚东、建黎泰、闽北军分区，任闽北军分区政委。

6月5日　参加邵式平主持召开的闽赣省革委会主席团第一次会议，参与制定了省革委颁发的《目前政治形势和我们斗争方向》的文件，着手解决根据地内的土地革命、政权建设、武装斗争问题等，号召全省军民为巩固和发展根据地而斗争。

6月7日　中央军委决定组建工农红军第七军团。为省委起草了《中共闽赣省委关于创造红军第七军团的决议》。并于6月15日由中共闽赣省委讨论通过。

6月28日　响应闽赣省革命委员会创造红七军团的训令，领导开展创建红七军团的宣传鼓动工作，号召全省党团员积极带领群众，踊跃加入红七军团。

9月　惜别在病中并怀有身孕的妻子，率领闽赣省委工作团赴抚东地区开展工作。

9月28日　黎川失守，中央苏区与闽浙赣苏区联系被切断。

11月　闽赣省委决定成立抚东军分区，任政委，郭如岳为司令员。

11月12日　闽赣省第一次工农兵代表大会在建宁县城召开。闽赣省苏维埃政府正式成立，邵式平当选省苏维埃政府主席。与邵式平等37人当选为全国第二次苏维埃代表大会代表。

年底　邵武、光泽相继失守，闽北分区和抚东分区与闽赣省苏区完全隔断。向中央建议，将闽北和抚东2个分区合并为闽北分区，以武夷山为依托，坚持长期斗争。中央批准这一建议，并指定其为闽北分区委书记。

1934年（34岁）

1月　参加在瑞金召开的中华苏维埃共和国第二次全国工农兵代表大会，当选为中华苏维埃政府中央执行委员。

1月　与曾镜冰、黄立贵率领的红五十八团重返闽北，来到大安。随后，闽北根据地奉中央命令，重新划归闽浙赣省委领导。

1月　召集闽北分区委扩大会议，传达中央的决定，明确当前的中心任务是扩大红军，发展生产，开辟新区，积极歼敌，配合中央红军，粉碎敌人的第五次"围剿"。

7月18日　闽北分区致电中央军委主席朱德，报告敌情和闽北红军活动情况。这一电报，大大地便利了红七军团绕过碉堡北上。

7月31日　致电朱德，报告支援北上抗日先遣队行动的情况。

10月　中央红军主力长征，闽北苏区与闽浙赣苏区联系被切断。

1935年（35岁）

1月　在大安主持召开闽北分区委紧急会议，会议否定了军分区司令员李德胜等人提出的"采取不失苏区一寸土地的方针，主张重新组织力量，以红色堡垒对白色堡垒"的错误主张，做出"主动撤离大安，保存有生力量，依靠武夷山区和人民，坚持游击战争"的决定。

1月25日　率领闽北党政军领导机关及直属单位1000余人撤离大安，其后活动在坑口地区，开展游击战争。

2月　分区委机关撤至长涧源，收到中共中央书记处关于改变组织方式和斗争方式、坚持游击战争的电报指示。闽北分区委决定，进一步精简机关，实行游击战争。

2月　参加闽北红军独立师在长涧源召开的成立大会，并代表分区讲话。重建闽北独立师，黄立贵为师长，卢文卿任政委，张燕珍任参谋长。

3月　在铅山得知方志敏被俘的消息，悲痛万分。

3月　在三港召开闽北分区委会议，因李德胜叛变投敌，决定撤销李德胜司令员职务，永远开除其党籍；任命吴先喜为军分区司令员，同时开展反叛徒斗争和革命气节教育。

4月　率领分区委机关和红军在王子袋突围。

4月29日　和吴先喜指挥上饶甘溪战斗，取得甘溪大捷。甘溪大捷是闽北红军转入游击战争以来第一个干净利落的歼灭战，是以最小代价获取最大战果的一次胜利。

4月底5月初　在上饶姚家弄召开祝捷大会。

8月　在崇安县岚谷乡黄龙岩主持召开分区委扩大会

议。吴先喜、黄立贵、曾镜冰、曾昭铭、王助、饶守坤等出席。会议总结近一年游击战争的经验，研究今后的作战方针和政策措施，在军事战略战术和政治、经济方面都采取了一系列政策。提出"以苏区为依托，挺进敌后，开辟新区，内线和外线相结合，开展游击战""以乡为主，时分时合，奇袭、伏击，出奇制胜，警于捕捉战机，又善于摆脱敌人，紧紧依靠群众，关心群众利益，建立秘密党组织，发展各种形式的群众团体，隐蔽精干，长期坚持"等一整套作战指导思想。

1936 年（36 岁）

1 月 1 日　与游击队员在崇安岚谷大山的樟村欢度元旦。

1 月　带领三团到金（溪）、资（溪）、光（泽）、贵（溪）地区活动。

2 月　黄立贵、曾镜冰率领的闽北红军游击队与叶飞率领的闽东红军游击队在政和县禾坪村会合，商定召开闽北、闽东联席会议的地点、时间和内容。

4 月　与吴先喜率部由崇安出发，越过岚谷封锁线，通过建浦公路，到达建阳、松溪、政和地区，与黄立贵、曾镜冰、饶守坤、王助会合，并考察建、松、政地区的工作。

4 月　在政和县洞宫山仰头村会见闽东根据地领导人叶飞等，举行了闽北与闽东的主要负责人联席会议，即"洞宫山会议"。会议针对闽浙临时省委内部出现的原则性分歧，黄道提出了建设性意见，并决定成立闽赣省委，任书记。

5 月　派胡从德到弋阳，成立弋（阳）德（兴）横（峰）中心县委。

6 月　部队回到崇安岚谷地区以后，主持召开了闽北党、政、军领导干部会议。根据洞宫山会议的决定，宣布成立中共闽赣省委和省军区，任省委书记兼军区政委，叶飞任军区司令员（未到职），曾镜冰任省委组织部部长兼军区政治部主任。部队调整为纵队建制，保留独立师的名义。

8月1日　派吴华友（省委委员）去上海等地寻找关系，设法通过白区的关系与党中央取得联系。

8月　派黄立贵开辟闽中游击根据地，并请黄立贵设法了解吴品秀下落。派吴先喜到抚东地区开辟游击根据地，亦请查找吴品秀的情况。

年底　闽北游击区已开展到了20多个县，纵横600多里的地区，独立师发展到8个纵队，3000多人。这是闽北三年游击战争最好的时期。

1937年（37岁）

1月底　在一张包盐的国民党旧报纸上海《新闻报》看到"西安事变"消息。敏锐地意识到国内形势已发生急剧变化，主持省委会议分析形势。

2月7日　领导闽赣省委做出《关于开展反帝抗日斗争的决议》，要求各地红军游击队及革命组织在群众中广泛揭露日本帝国主义的暴行及企图占领福建的阴谋，号召"一切不愿做亡国奴的中国人，不论职业、团体、宗教信仰及政治派别，一致联合起来，共同进行抗日的民族战争"。

3月7日　闽赣省委组织成立中华苏维埃共和国闽赣省抗日军政委员会，任主席，曾镜冰、曾昭铭任副主席。并发布训令指出：当前党的路线是发动与组织全民族一切革命力量，去对付当前的敌人日本帝国主义与卖国贼，号召人民"有力的出力，有知识的出知识，有枪的出枪，都参加到抗日阵线上去"。

4月至5月　国民党调第七十五、七十九师和浙江保安团共5个师，"清剿"闽赣边游击区，计划3个月内消灭闽赣游击队。国民党军的"清剿"，使游击队缩小，红军游击队从2000余人减为300余人。为避免损失，中共闽赣省委和独立第三师转移到光泽、资溪、贵溪3县交界山区，保存了革命力量。

7月13日　黄立贵回师闽江以北，在邵武县洒溪沙田村宿营时，遭敌包围，突围失败，壮烈牺牲。中共闽赣省委被迫转移到光泽、建阳边境的猪母岗山区。

8月　以"闽赣省抗日军政委员会"的名义，函送邵武专员公署转呈南京国民政府，提出在南方建立抗日民族统一战线的建议。

9月　收到国民党江西省光泽县长高楚衡的信。信中要求与红军游击队进行谈判，希望红军游击队指定谈判地点。

9月20日　与曾昭铭以闽赣抗日军政委员会正副主席名义，通过国民党光泽县县长高楚衡，致函国民党江西省主席熊式辉，同意谈判。

9月24日　与曾镜冰、曾昭铭一起给国民党光泽县高楚衡县长回信，请高县长转达福建军政机关，令各地民团，"将在我们地区包围出去的群众一律释放回家安居，将各地民团调离我们区域，取消对我们的封锁，静候正确解决"。

同日　和曾镜冰给八路军驻南京办事处的叶剑英写信，请高楚衡县长代转，以取得党中央对于建立抗日民族统一战线的指示。

9月下旬　主持闽赣省委会议讨论与国民党当局谈判的条件和代表问题。会议决定，同意谈判，地点设在光泽大洲。

10月1日　派长子黄知真及邱子明作为闽赣红军游击队代表到光泽大洲与国民党当局代表谈判。经过6天的谈判，双方就驻防地点和军需供应等问题达成协议。

10月7日　与曾镜冰到大洲，同高楚衡会面，同意已经达成的各项协议，希望双方共同遵守，竭诚合作。谈判结束后，省委机关搬到大洲。

10月上旬　接刘英转来的信，着手两方面工作：一是根据项英来信的精神，指示所属的资光贵、邵顺建、建松政三块游击区全面铺开国共和谈工作；二是派曾昭铭迅速前往南昌，寻找项英、陈毅，汇报工作，并通过他们要求江西政府出面向福建当局交涉撤退围困闽北游击区的国民党武装，巩固闽北国共和谈的成果。

10月下旬　与曾镜冰在温林关下的和尚坪会见国民党的联络官吴仰山，确定铅山县石塘镇为闽北红军游击队集结地点，研究防务交接和军需供应事宜。

10月下旬到12月中旬　坚持战斗在闽赣边区的红军游击队，陆续到石塘集中。在石塘积极为闽北红军游击队的整编做各项准备工作。

11月1日　致信徐先兆。徐先兆接信后即前往长涧源与之相见，后写《坚决抗日的赣东与闽北》一文，发表在南昌《商报》上。

11月初　派曾昭铭到南昌，在月宫饭店向陈毅汇报了闽北三年游击战争情况和国共合作的进展。

11月中旬　在长涧源见到南京八路军办事处博古、叶剑英派来的联络人员顾玉良，收到他带来的文件和口头指示。

11月　经中央批准，与陈清风在石塘结婚。

11月　继大洲谈判之后，国民党资溪县长王恩荣派人送信给中共金（溪）资（溪）贵（溪）中心县委，请派代表前去谈判。经请示黄道后，中心县委书记张波和贵溪县委书记叶金太作为我方代表，与国民党贵溪县长王恩荣举行了谈判。

12月　中共中央政治局决定，成立中共中央军委新四军分会，项英、陈毅任正副书记，曾山、张鼎丞、黄道为常委。

1938年（38岁）

1月8日　与曾昭铭、叶飞、沈冠园、八路军驻南京办事处代表顾玉良一起，从闽北游击队驻地出发，经铅山到横峰搭火车去南昌。

1月10日　到达南昌新四军军部，与项英、陈毅、张云逸和曾山等见面。

1月11日　向项英、陈毅汇报工作，参加讨论贯彻中央关于南方红军游击队改编为新四军的方案。

1月12日　军部请来南昌鹤纪照相馆的照相师为来自各地同志拍集体照，作为汇集南昌的留念。

1月15日　中共中央长江局致电项英，同意其加入中共东南分局，并转告中共中央。

1月中旬　参加项英主持召开的中共中央东南分局和中共中央军委新四军分会会议。会议传达了党中央对东南地区党的工作和红军游击队集中编组的指示，并研究了分工，任宣传部部长（后又兼统战部部长）。

1月中旬　出任新四军驻赣办事处主任。

1月中旬　和曾山出面，以新四军驻赣办事处名义在南昌下沙窝励志社举行宴会，宴请国民党江西省高层人物和各党派成员。出席宴会的有国民党元老李烈钧、江西省政府秘书长刘体乾、在南昌的各党派负责人等。会后，主持召开座谈会，与各界人士交换意见。

1月下旬　在江西工专礼堂为江西省青年服务团做国内外形势报告。除了江西青年服务团外，还直接指导或间接影响当时南昌在中共领导下或受中共影响的抗日救亡进步团体的工作或活动。

1月底　帮助"生活书店南昌分店"在南昌开办，正式营业。

2月2日　根据新四军军部的指示，与张云逸一起从军部出发，赴江西省铅山县石塘镇，指导闽赣边红军游击队改编工作。

2月9日　参加新四军第五团营以上干部就职仪式。代表中共闽赣省委发言。宣布编制序列和干部任命名单。

2月25日　新四军第三支队第五团北上抗日誓师大会在铅山县石塘镇滩举行。随后，与第五团的指战员一道经河口到横峰县城。

2月26日　参加横峰各界举行的"欢迎新四军开赴前线大会"，与五团团长饶守坤以及国民党横峰县县长谢石醒等在会上讲了话。

部队出发后，回到离开8年之久的家乡姚家垅，随同的有夫人陈清凤、儿子黄知真等。这是黄道与全家唯一的一次团聚，先后见到母亲李爱娇，二儿子黄知机，小儿子黄知深，妹妹黄冬贞、黄香贞、黄梅贞，吴先民的爱人周嫦娥及儿子吴在平。两天后，登上开往南昌的列车，踏上新的征程。

3月29日　收到延安有关今后各地招收学生的指示，就将招收南方学生的办法通知东南分局管辖的各地党组织，转述延安指示。

4月2日　参加中共中央东南分局会议，讨论《中央关于大量发展党员的决议》。大力推动各地党组织做好恢复和发展党组织的工作。

4月初　和项英派关英前往磨盘山，动员上横弋德中心县委书记杨文瀚及其领导的游击队下山改编。

5月　与国民党江西省政府交涉，解救新四军驻河口留守处主任姚荣庆及姚梅兰、刘德才、徐喜旺（后叛变）等人。

5月上旬　指示夏征农等退出江西省青年服务团，避免和国民党特务发生摩擦。

7月4日　与曾山、涂振农合作撰写的《我们对于保卫江西的意见》在《新华日报》上发表。该意见分析了日军发动进攻后的形势和江西的战略地位，从军事、政治、经济和社会、人才等方面，提出了许多适应抗战需要的正确建议。

7月7日　为《剑报》撰写《七七社论》，纪念抗战一周年。

7月21日　完成《抗日游击战争的实际知识》一书的写作，全书8万字。该书是以毛泽东军事思想为指导，总结10年游击战争的经验，结合抗日战争实际情况而写的通俗读本。

7月26日　和曾山、涂振农等人以新四军驻赣办事处名义在南昌洪都招待所举行了一次团结抗日的招待会。出席会议的有国民党元老李烈钧、国民党中央监委熊育锡知名人士雷洁琼等40余人。会上，针对保卫江西提出了一些具体意见，赢得全场认同。

8月　经中共中央批准，中共江西省委在南昌秘密重建，机关设在新四军驻赣办事处内。任宣传部部长，曾山任省委书记。

8月　所著的《抗日游击战争的实际知识》一书以延安解放社名义在吉安出版。

9月　指示上海职业青年战地服务团团长周君实带领该团到安义开展抗日救亡宣传活动，并进行了恢复和发展党组织的工作。次年五月，服务团内成立中共党支部，共有党员17人。

11月　指导上海劳动妇女战地服务团中的中共党员的工作。

1939年（39岁）

1月15日　赠给毛泽东一张照片。上题字："毛主席惠存黄道敬赠"。

3月下旬　参加中共江西省委在南昌召开的扩大会议。中共江西省委改由中共中央南方局领导，江西省委改组，继任书记。

3月23日　日军主力扑向南昌。中共地下党员黄贤度及时通知黄道，新四军驻赣办事处和东南分局人员得以安全撤出南昌。

3月25日　新四军驻赣办事处从吉水迁往上饶。到上饶后，又转赴浙江金华，在金华等候以国民政府军事委员会政治部副部长的公开身份代表中共中央到浙江各地视察的周恩来。

4月1日　在金华中国旅行社见到了周恩来，彼此畅谈了2个多小时。

4月5日　根据周恩来的指示，在永康至金华公路旁的一个松树林内组织召开东南局及闽浙赣三省党的领导人会议。会后，将二儿子黄知机交曾山带往新四军军部。

4月6日　率20多人护送周恩来离开金华，前往国民党第三战区所在地上饶。

4月10日　陪同周恩来到达抗战时期国民党江西省政府所在地泰和，与国民党江西省政府官员会面。

4月18日　送周恩来经樟树赴桂林，在樟树与周恩来分手。

4月20日　从樟树返回铅山县河口镇，准备前往皖南新四军军部。因身体患病，难以支持，于是滞留河口镇大同旅社，求医治病。住大同旅社医病的情况，很快被国民党第三战区的特务头目张超所掌握。在张超的指使下，隐蔽在铅山县的特务黄玉成和吕鹤年立即对黄道的治病情况，进行了暗中查访并跟踪监视。

5月23日　在河口被国民党特务收买的国民党第三战区重伤医院的医生毒害，时年39岁。

5月24日　小儿子黄知深到达河口。

5月25日　中共中央东南局讨论通过了由曾山起草的《关于悼念黄道同志的通知》，并下发东南地区各级党组织。

5月27日　长子黄知真从新四军赶到河口。小妹妹黄梅贞也到达河口。

5月底　国民党顽固派扬言不让黄道遗体在江西安葬。中共中央东南局研究决定，将黄道的灵柩安葬在他战斗过的闽北老区崇安长涧源。

6月3日　在铅山县河口召开了隆重的追悼大会，由中共福建省委书记曾镜冰主持，陈丕显代表东南局和新四军军部致悼词。

6月4日　灵柩离开河口，途经永平、石塘、和尚坪、温林关运往福建崇安长涧源。数千名群众自发地聚集在黄道蒙难的所在地——河口大同旅社旁的王家塘，为黄道送葬。

6月6日　到达崇安长涧源。中共福建省委和闽北特委在此为黄道设立灵堂，中共中央东南分局代表陈丕显，福建省委和闽北特委领导曾镜冰、王文波及黄道的妹妹及儿子等参加守灵。当地数百名干部群众参加悼念。群众自发沿途迎接灵柩，到达目的地之前有群众数百人跑出来三十余里，老小哀哭，悲痛难胜，他们不断揭开棺木，最后瞻仰自己领袖的遗容。

6月中旬　举行了隆重的安葬仪式。根据民众要求，当地居民将他们认为最好的一块有风水的葬地，而且是当地居民大家不准葬的公地，给黄道作为永息之所。棺木入土修造坟墓，也完全是由当地居民动手，不要任何报酬，以此来哀祭。

6月14日　中共福建省委转发了东南局5月25日的通知并令各级党组织切实执行该通知，并对悼念活动做出具体规定。

农历十二月二十六日　女儿黄知慧出生。